Root Leeb

# Gespräche
# auf dem Meeresgrund

Root Leeb

# Gespräche auf dem Meeresgrund

## Der Eine, der Andere und die Dritte

OKTAVEN

1. Auflage 2022

Oktaven

ein Imprint des Verlags Freies Geistesleben
Landhausstraße 82, 70190 Stuttgart
www.geistesleben.com

ISBN 978-3-7725-3035-7

℗ auch als eBook erhältlich

Deutsche Ausgabe:
© 2022 Verlag Freies Geistesleben
& Urachhaus GmbH, Stuttgart
Gestaltungskonzept: Maria A. Kafitz
Umschlagbild und Innenbilder: Root Leeb
Satz: Bianca Bonfert
Druck: Pustet GmbH, Regensburg
Printed in Germany

 Entdecken Sie weitere literarische Bücher:
bit.ly/3a6o16B

 und bleiben Sie mit unserem Newsletter auf dem Laufenden:
bit.ly/3NwkUmi

Für S. & E. über dem Wasser

İşte geldik gidiyoruz
hoşça kal kardeşim deniz

Wie wir gekommen sind, so gehen wir,
auf Wiedersehen Bruder Meer.

NÂZIM HIKMET


Schließlich trauert niemand um einen Niemand.

SHASHI THAROOR
Der große Roman Indiens

Alles geht weiter, es gibt keinen Anfang, zumindest liegt dieser nicht in unserer menschlichen Sehkraft oder einer anderen Möglichkeit unserer Wahrnehmung. Wir sind also mittendrin, daher beginnt diese Geschichte mit UND

# 1.

Und es rollt, fließt, tanzt in mächtigen Wogen. Hin und zurück. Das Licht wirft abwechselnd schwarzgrüne Schatten und glitzernde Netze ins Wasser. Tiefem Dröhnen folgt betäubende Stille.

«Woher kommst du?»

Es muss die Stimme eines Mannes sein. Die Größe und Form des Kopfes sprechen dafür. Genaues kann er nicht erkennen. Es ist zu dunkel.

Statt eines Kopfes meint er plötzlich eine Baumkrone vor sich zu haben, oder ein Gebüsch, Blätterformen sind nicht zu erkennen, alles ist zu dicht, wie verwoben. Die Gesichtszüge verschwimmen, zerfließen in sich schnell bewegenden Schatten. Auch die Stimme klingt verzerrt und wabernd, als ob sie von weit her käme.

«Weißt du noch, wo du herkommst?»

Er müht sich zu verstehen. Sowohl, was der andere sagt, als auch, was mit ihm geschieht. Welche Art der Veränderung er gerade durchmacht. Ist das die Auflösung, das Verlieren aller Konturen, überspringt er gerade eine Grenze, von der er vielleicht nie mehr zurück gelangen wird?

«Es ist noch nicht so weit», hört er den anderen jetzt ganz deutlich.

«Womit?», fragt er zurück.

«Du bist noch nicht bei uns. Du hast noch mehrere Möglichkeiten.»

Licht scheint aus sehr großer Ferne zu kommen, tanzt in feinen Schlieren weit über ihm, dringt aber nicht in die Tiefe. Er kann die Frage nach seinem Woher nicht beantworten. Was kann er noch? Er versucht sich zu erinnern. Schmerzen hat er nicht. Umrisse wohl auch nicht mehr. Er fühlt sich auslaufen, sich verschwenden, dabei schwebt er, oder ist es schwimmen? Ja, das um ihn herum ist Wasser, und der Kopf ziemlich nah vor seinem Gesicht ist, wie er jetzt erkennen kann, ein Schädel, mit Moos, nein, eher Algen oder einer Art Gallerte überzogen und hat keine Augen in den Höhlen. Er erschrickt nicht einmal. Auch nicht, als er sieht, dass der Kopf an einem skelettartigen Körper hängt, der merkwürdig verrenkt zwischen gleichfalls moosig überzogenen Felsbrocken eingeklemmt ist. Alles ist schwarzgrün und dunkel. Waren die Fragen von dort gekommen? Aus diesem Spalt mit den zerfressenen Lippen, den Resten von Zähnen, dem schemenhaften Abgrund dahinter?

«Wer bist du?», fragt er zurück, statt zu antworten.

«Ich war Alasan Jobe. Ob ich es jetzt noch bin, weiß ich nicht. Man lässt uns über vieles im Unklaren, daher ist alles so wenig durchschaubar, so undurchsichtig. Aber ich habe genau gesehen, dass du gerade erst gekommen bist. Von oben.»

«Von oben?»

«Ja, wir alle hier kommen von oben.»

Wieso fragt er mich dann?, denkt er, der ab jetzt der Andere ist. Und wie kann er mich ohne Augen gesehen haben? Er kann wohl Gedanken lesen.

«Augen scheint man hier nicht zu brauchen.»

«Bist du schon lange da?»

«So lange, wie es dauert, um auszusehen wie ich», sagt die Stimme.

«Und wie ...?»

«Von einem Boot. Zuerst wusste ich nichts mehr. Nur ein Gefühl von *ich,* das hatte ich immer. Mittlerweile erinnere ich mich genauer. Es kommt immer in Schüben. Erst einzelne Bilder, lose wie zerrissene Fetzen, die nicht zusammenpassen, dann gibt es irgendwann Verbindungen, das Netz liegt geflickt vor dir. Du musst wissen, ich war Fischer früher.»

Er macht eine Pause und der Andere denkt, das war schon alles, und fragt: «Dann bist du also beim Fischen ...?»

Er hört die Stimme, wie ihm scheint, jetzt etwas leiser antworten.

«Nein, nicht beim Fischen. Aber doch von einem Boot. Wir waren viele, Männer vor allem, aber auch ein paar Frauen waren dabei und Kinder. Meine nicht. Ich war allein. Wir wollten neu anfangen. Nach langer Zeit, ich glaube, zwei Nächte hatten wir schon überstanden, kam ein anderes Boot, viel schneller als unseres, das nur einen schwachen Motor hatte. Es holte uns ein. Die Männer in diesem Boot wollten, dass wir umkehrten. Ich stand auf, ich weiß nicht mehr warum, rief auch etwas. Dann schien mit dem Trommelfell der ganze Schädel zu zerplatzen. Die Welt explodierte, verbrannte und wurde schwarz. Später, wohl viel später, fand ich mich an dieser Stelle liegend, so eingekeilt, dass mein Körper, obwohl es ihn nach oben drängte, das nicht konnte, sondern da bleiben musste, einfach hängen blieb.»

Irgendwie kommt mir das bekannt vor, denkt der Andere. So einer ist der also. Sie kommen alle mit Booten. Und einer mehr oder weniger fällt ja eigentlich nicht ins Gewicht. Bestimmt hat der da nicht einmal einen Chip.

«Ihr seid sicher viele hier?», fragt er, obwohl er es ja weiß.

«Ich kann sie nicht zählen. Und es ändert sich. Du bist ja auf einmal auch da, mit diesem Chip, was immer das sein mag, und vor dir sind welche gekommen und nach dir werden noch andere kommen. Viele schweben irgendwann nach oben und werden herausgefischt. Zu denen verlieren wir die Verbindung. Aber es gibt auch solche wie mich. Die, wie du sagst, *ohne Chip*, die niemand sucht und die selbst nicht weg können. Die bleiben. Und immer wieder kommen Neue. Die meisten eingesperrt in Wracks in großer Tiefe. Und es gibt welche, die in Einzelteile zerlegt sind. Die kommen von ganz oben, aus Flugzeugen und brauchen lange, bis sie sich wieder erinnern. Aber nach vielen wird gesucht, vor allem, wenn sie als Gruppe kommen, und die meisten werden wieder geholt. Von solchen wie dir gibt es nur wenige.»

«Wieso hast du gesagt *solchen wie dir*?»

«Ihr seid anders. Man merkt das gleich. Sieht das – auch ohne Augen.»

«Warum wirst du nicht geholt, sucht dich denn niemand?»

«Von denen, die mich zu Hause kennen, sind viele nicht gut auf mich zu sprechen, sie sind neidisch und böse auf mich, dass ich gegangen bin. Und von denen, die mit mir aufgebrochen sind, sind die einen hier und können nichts tun, nicht für sich und nicht für mich, und die oben wissen wohl nicht, wo ich bin, dass ich genau an dieser Stelle liege. Vielleicht sind sie auch nie angekommen. Und wenn, können sie sicher nicht mehr sagen, wo es war, dass ich von Bord gegangen bin. Vielleicht verhindern auch jene von diesem schnelleren Boot, dass man mich findet. Ich bin ja nicht von Interesse, würde niemandem nutzen und nur kosten. Und das Schlimmste, ich wäre eine Anklage. Bestimmt war es nicht richtig, was einer von ihnen oder sie alle getan haben, und sie würden in dem Land, in das wir wollten, verurteilt werden. Genau wegen solcher Menschen, die nicht zuhören, haben wir unser Land verlassen. Sie haben Waffen und schießen auf andere, die keine haben, sie wollen keine Erklärungen hören und können selbst auch keine geben. Wir dachten, ja hofften, woanders wäre es besser. Wolltest du auch nach Europa?»

«Nein, ich bin von da.»

«Wolltest also weg?»

«Nein. Ja, aber nur für kurz ... ich wollte mal

raus aus allem, mich entspannen, Urlaub am Meer, Ruhe. Auch ich war mit mehreren Leuten unterwegs ..., aber alles ist verschwommen. Ich erinnere mich nicht.»

«Es wird wiederkommen. Manches braucht länger. Bei mir hat es auch gedauert, bis wieder deutliche Bilder kamen. Ich denke, wir haben genug Zeit. Zur Sicherheit kann ich dich ja am Knöchel festhalten, wenn du erlaubst.»

«Lieber nicht», wehrt der Andere entsetzt ab. «Sie werden mich suchen und sicher finden, ich habe, wie gesagt, einen Chip am Handgelenk, wahrscheinlich verstehst du davon nichts, das hat man bei uns jetzt. Ist sehr vorteilhaft. So wissen sie immer, wo du bist, und können dich retten. Wird also nur eine Frage der Zeit sein, bis ich wieder weg bin.»

«Ich dachte, du suchst Ruhe. Jetzt hast du sie. Trotzdem willst du gefunden und gerettet werden?»

«Natürlich. Ich verstehe nicht, warum bis jetzt noch niemand da ist.» Nach einer Pause sagt er: «Sag mal, du wirkst ein bisschen wie von vorgestern. Kennst du vielleicht Skype, weißt du, was das ist?»

«Nein.»

Der Andere zögert, überlegt, ob es der Mühe wert ist. Dann sagt er kurz, im Ton einer Gebrauchsanleitung: «Visuelle Kommunikation mit Bild, ohne körperlichen Kontakt. Funktioniert über verschiedene Erdteile ...»

«Dann haben wir das hier schon lange», unterbricht der Eine, «ich erfahre alles. Auch von denen im Chinesischen Meer. Auch von denen vor Libyen. Nur sehen kann ich sie nicht.»

Der Andere ist verblüfft, weiß nicht, was er dazu sagen soll.

## 2.

*Das Licht wird dunkler, das Wasser fleckig. Schattenlose Wesen ohne Körper flüstern, ziehen in der Höhe vorüber. Sie scheinen näher zu kommen und der Andere fühlt sich bedroht. Dann zieht ein dichter Schwarm Fische wie ein schwarzer Flügel über die beiden hinweg.*

«Du musst dich nicht ängstigen. Die einen gehören nicht zu uns. Die werden weitergetragen. Vielleicht in ein anderes Meer.»

«Und die anderen?»

«Entweder nach oben, werden herausgefischt, oder nach unten, zu uns.»

«Ich meine die Fische.»

«Diese großen Schwärme kommen nur selten. Kleine Fische und einzelne große wie Wale oder Haie bemerken wir kaum. Schlimmer sind der beständige Lärm und die reißenden Strömungen, die immer wieder auftreten. Ich habe mir sagen lassen, dass sie unter diesen gewaltigen Schiffen entstehen, die wie Türme oder Berge über das Wasser ziehen und unglaublich viele Menschen, wie in einer Stadt, im Meer herumfahren. Einfach so. Sie drehen ihre Runden. Diese Schiffe machen Angst. Sie schieben Riesenbäuche unter sich her, bringen das Wasser in Wallung und reißen einen wie mich, der festhängt, fast entzwei.»

«Woher hast du diese Worte? Warum können wir

uns verstehen? Ich glaube, du hast doch irgendetwas Elektronisches eingepflanzt.» Womöglich ist er ein geschickt positionierter Spion, denkt der Andere, ohne es laut auszusprechen. Aber er hat ohnehin die ganze Zeit schon das Gefühl, nicht zu sprechen, sondern in einer ihm bisher unbekannten Weise laut zu denken. Die Worte verlassen seinen Mund, ohne geformt zu werden, sie fließen einfach aus ihm heraus und treiben davon.

«Wir sprechen hier alle eine Sprache, vielleicht weil wir am Ursprung angelangt sind, und der ist für uns alle wohl derselbe», sagt der Eine. «Jeder versteht, Worte und Gedanken. Egal, wie er aussieht oder woher er kommt. Zuerst dachte ich deswegen, das sei das Paradies. Aber wir verstehen und verstehen doch nicht. Informationen haben keinen Wert für andere, nur für einen selbst, also gibt es keine Spione. Alles ist offen, für jeden.»

«Du meinst den Ausgang?»

«Ja, den auch und auch den Zugang zu dem, was andere von sich geben.»

Klingt ja schon cool, open access zu allem, aber will ich das wirklich?, denkt der Andere kurz, aber der Eine redet einfach weiter.

«Irgendwann einmal ist es für jeden so weit. Jeder gibt etwas von sich preis und die anderen können das hören. Zwar wirken wir nach einer Weile irgendwie ausgemergelt, und ohne Wasser zwischen den Kiefern würden wir mit den Zähnen klappern. Oder, falls die fehlen, mit den Knochen.

Aber dennoch sind wir als Person komplett. Bei dir ist noch viel Fleisch dran. Aber du bist schon auf dem Weg. Ist aber kein Grund zum Gruseln. Viele Menschen sammeln Muscheln, aber ekeln sich vor einem Skelett. Dabei besteht der Unterschied doch nur darin, wo vormals das Fleisch lag. Beim Skelett außen, verdeckte und schützte, bei Muscheln innen, wurde geschützt.»

«Ich gehöre auf jeden Fall zu den Muschelsammlern. Mit einem Skelett will ich nichts zu tun haben.»

«Man wird nicht gefragt, die Dinge passieren einfach.»

«Klingt, als ob du Philosoph warst.»

«Oh nein, wie gesagt, war ich Fischer. Was Bildung angeht, kann ich dir sicher nicht das Wasser reichen. Na ja, hier vielleicht schon. Wir sind ja mittendrin. Und das verbindet uns.»

# 3.

«Nach meiner Herkunft fragst du? Ich fange bei meinen Vorfahren an.» Der Eine spricht nach kurzer Pause einfach weiter. «Wir können weit zurückgehen, wir haben hier ja alle Zeit. Meinen Urgroßvater von der mütterlichen Seite, er war Sklave in British Jamaika, haben sie mit Fäkalien gefüllt, durch den Mund, und den dann zugenäht. Als Strafe für irgendetwas, was auch der Sklave, den sie gezwungen hatten, das zu tun, nicht wusste. Aber er hat es weitererzählt. Und die es gehört haben, haben es wieder weitererzählt. So ist es zu uns gekommen. Und wir haben gelernt. Du kannst jeden entwürdigen, jeden Menschen zu einem Wurm machen, den du dann ohne Hemmung zerschneiden, zertreten, zermatschen kannst. Er ist keine Kreatur mehr, nur Dreck. Und wenn niemand von ihm erzählt, wer er war und was er sagte und liebte, wird er zu nichts. Nicht gelebt, nicht gelitten, nicht gewesen, nichts. Und alles ist umsonst, war umsonst. Wir leben nur, solange jemand sich an uns erinnert.

Das also haben wir gelernt. Und auch, dass die einen das brauchen, die anderen zu Dreck zu machen, und dass die aber trotz allem, was mit ihnen gemacht wird, Menschen bleiben. Sogar der, den sie zwingen, Scheußliches zu tun. Immerhin hat er dann jemandem davon erzählt. Mein Urgroßvater blieb mein Urgroßvater, auch wenn er schlecht behandelt wurde. Er muss stark gewesen sein. Sonst hätte es meinen Großvater nicht gegeben und nicht meine Mutter und mich auch nicht.»

«Und du, hast du Kinder?»

«Zwei. Ich wollte mehr. Wir hatten große Hoffnung. Aber dann kam das hier. Ich sollte alleine voraus, erst einmal schauen und sie dann später holen. Warum mich keiner gewarnt hat, mir niemand abgeraten hat, wegzugehen, weiß ich nicht. Gut, die einen waren neidisch, haben mir übel genommen, dass ich das Geld für das Visum auftreiben konnte. Aber die anderen, haben die auch nichts gewusst? Ich weiß nicht, was mit meiner Familie ist. Wir wissen ja nichts von oben. Auf dem Boot hätten sie ohnehin keinen Platz mehr gehabt. So eng wie es war. Mein Bruder wird sich um sie kümmern. Obwohl der jetzt vergeblich auf meine Hilfe wartet.»

«Vielleicht kannst du froh sein, dass es so gekommen ist», sagt der Andere wie in Trance. «Es ist doch sehr verwirrend alles, eine große Konfusion überall. Und wir sind ein herumwirbelnder Teil davon.»

Er hat das Gefühl, dass auch seine Gedanken Teil dieser Konfusion sind und gerade gründlich durcheinandergewirbelt werden. Schwindel ergreift ihn. Er spricht lallend wie im Rausch. Vielleicht auch wegen des Wassers, das seinen halb geöffneten Mund durchfließt. «Ich glaube nicht, dass wir etwas ändern können. Das wird uns zwar immer eingeredet, vorgegaukelt, doch ich fühle mich gerade selbst wie ein Gaukler, wie ein Akteur in einem billigen

Zaubertrick. In so einem, den du nachmachst, es klappt problemlos, aber es ändert sich nichts. Das Kaninchen, das aus meinem Zylinder hoppelt, kann ich nicht essen, mit den Tüchern, die ich aus meinem Revers ziehe, kann ich mir nicht einmal die Nase putzen. Aber immerhin war da kurz diese Illusion. Anscheinend reicht das für viele.» Er kommt langsam in Fahrt, seine Rede scheint ihn zu erleichtern, ja, es beginnt ihm hier zu gefallen, auch wenn alles noch neu und ungewohnt ist. Oder *weil* alles neu und ungewohnt ist?

«Kennst du die Bocca de la Verità in Rom?», fragt er unvermittelt.

Der Eine kann gar nicht reagieren, so schnell fährt er fort. «Auch so etwas. Der reine Aberglaube. Du steckst deine Hand in das geöffnete steinerne Maul an einer Wand, es ist ein kreisrundes Marmorrelief, und wenn du gelogen hast, schnappt es zu. Sagt man. Unsinn, das Maul hat kein Kiefergelenk, nicht mal ein billiges Scharnier. Vermutlich ist das Ganze nur ein Kanaldeckel gewesen. Aber die Touristen stehen Schlange. Fotografieren sich bei der Mutprobe, die doch eigentlich eine Intelligenzprobe ist, bei der sie durchgefallen sind. Die Bilder versenden sie in die ganze Welt, also schämen sich ihrer Dummheit nicht einmal.» Euphorisch will er weiterreden, doch jetzt ist der Eine schnell genug.

«Ich kenne das nicht. Ich bin nie gereist. Also nicht weiter als in mein Nachbardorf oder die nächste Kleinstadt. Aber ich habe hier viel gehört und gesehen und glaube vieles, auch wenn ich es nicht verstehe. Manches ergibt erst viel später etwas Sinnvolles. Das *Erkenne dich selbst* hat mir mal jemand erklärt, der aber wieder weg ist. Und ich weiß von den Lebenslügen, sich selbst etwas vorzumachen und wie daraus folgt, dass man sich selbst falsch einschätzt, ja meistens überschätzt. Diese Lügen kenne ich, die gibt es wohl überall. Ich habe oben im Leben oft an den falschen Gittern gerüttelt und geglaubt, ich könnte etwas ändern oder verhindern oder mich befreien. Du musst sicher noch eine Weile hierbleiben, damit sich die Konfusion in deinem Kopf löst und du klarer sehen kannst. Dann wirst du das Unwichtige vergessen.»

«Du brauchst nicht so zu tun, als ob du mich belehren könntest.» Der Andere ist verstimmt. Seine Begeisterung ist lähmender Ernüchterung gewichen.

# 4.

Geruch spielt an diesem Ort offenbar keine Rolle – gottlob. Bestimmt röchen wir nicht gut. Er vor allem nicht. Würde er nicht im Wasser liegen, könnte man denken, er sei ausgetrocknet. Sieht aus wie eine gedörrte Pflaume, die zu lange eingeweicht wurde. Mit grünem Schimmel außen herum.

«Du siehst auch nicht angenehmer aus», unterbricht der Eine seine Gedanken, «auch, wenn an dir noch alles dran ist. Die Menschen oben, falls die dich noch einmal zu Gesicht bekommen sollten, würden sich mächtig erschrecken – genau wie du dich vor mir erschrickst. Sie würden sich grausen, weil du so anders aussiehst, als sie dich kennen. Du erinnerst sie daran, dass auch sie irgendwann dahin kommen werden. Das denken sie aber noch nicht deutlich, nur eine kurze Ahnung streift sie, wie ein Nebelschleier, den sie schnell von sich schieben. Sie könnten sonst nicht weiterleben. Das *immer weitermachen*, der Kampf ums Weiterleben, gegen den Verfall und gegen das Chaos, das braucht alles viel Energie und Kraft. Ohne Zuversicht und einen eingeengten Blick durch hilfreiche Scheuklappen geht man schnell unter.»

«Danke für diese Belehrung. Man könnte meinen, du bist der große Durchblicker. Aber wenn mich nicht alles täuscht, sind wir doch beide untergegangen, du genauso wie ich.»

«Ja, du hast recht. Aber ich meinte im Leben, man kann auch oben schon untergehen. Einfach aufgeben. Vielleicht bin ich nur schon lange genug an diesem Ort, um, wie du sagst, ‹durchzublicken›.»

«Du klingst, als ob du lächelst. Kannst du das noch?»

«Sicher. Es ist eine Sache der Einstellung. Es braucht keine Lippen mehr und kein Fleisch auf den Wangenknochen. Lächeln ist wie Liebe. Ein Gefühl.»

Der Andere wird von der Strömung gefährlich nahe an den Einen getrieben, ohne dass er etwas dagegen tun kann. Zu seiner Erleichterung zieht ihn die gleiche Strömung kurz darauf wieder fast genau zu seinem Ausgangspunkt zurück.

«Du hast hier nichts mehr», redet der Eine weiter. «Kein Aussehen, kein Ansehen, kein Eigentum, nur noch dein Wesen, und das bist du für immer. Du denkst von dir ja immer noch als *ich,* und im Lauf deines Hierseins wirst du vielleicht mehr verstehen. Aber du wirst dich nicht mehr verändern. Äußerlich schon, du vor allem. So weit, bis du so aussiehst wie ich. Aber sonst gilt, wie du früher im Leben warst, bleibst du. Schon mal gehört, oder?»

«Ja, da klingelt etwas. Griechische Mythologie, Hades. Oder Altes Testament und Jenseits. Ist das vielleicht die Hölle?»

«Kann sein. Wenn der Lärm überhandnimmt, sicher. Aber wenn das nicht die Hölle ist, kenne ich sie ja nicht. Ich war außer in der ‹Hölle auf Erden› noch nie in einer anderen. Keiner sagt uns etwas.»

## 5.

«Was ist das denn?», fragt der Andere erschrocken.

«Ein Neuer? Nein, eine Neue, das Kleid, die Haare. Hallo!»

«Sie ist wohl noch nicht angekommen, sie reagiert nicht. Das dauert immer eine Weile.»

«Hast du das schon öfter erlebt?»

«Würde ja heißen, dass ich noch lebe», sagt der Eine spöttisch. «Ich bin ab und zu einmal Zeuge. Es passiert immer auf die gleiche Weise.»

«Bei mir war das auch so?»

«Ja, ich habe dich mehrmals gefragt, woher du kommst, bis du mir dann geantwortet hast. Seitdem bist du da und immer wach.»

«Was heißt das?»

«Das weiß ich nicht. Auf jeden Fall bist du angekommen und ganz da. Sie noch nicht.»

«Dann lassen wir sie in Ruhe.»

«Vielleicht wird sie ja noch geholt.»

«Moment – heißt das, dass wir, die wir hiergeblieben sind, tot sind?»

«*Tot* ist ein großes Wort. Es wird zu viel geredet. Vor allem von denen, die nichts wissen. Der Tod ist zu groß für unseren Kopf.»

«Warst du denn schon einmal tot? Oder bist du jetzt tot?»

«Du verstehst nicht. Sagen wir einfach: Wir sind Treibgut, auch wenn wir wie ich festhängen.

Menschen, die ins Meer geworfen wurden, gestürzt, gefallen sind. Wir sind hier in einem großen Auffangbecken. Oder anders gesagt: Unser Schiff ist abgefahren. Wir sind Wesen, im Sinn von gewesen.»

«Das klingt so endgültig. Und was können wir jetzt tun?»

«Nichts. Wir müssen auch nichts mehr tun.»

Der Andere schweigt verwirrt.

## 6.

«Hallo!»

Nein, das möchte ich nicht, denkt sie. Schon wieder nur Männer. Es sind Männer, da macht mir keiner etwas vor. Auch wenn sie ziemlich abgehalftert aussehen, der eine vor allem.

«Ich glaube, sie ist immer noch nicht da. Sie antwortet nicht.» Der Andere scheint ungeduldig, er kann offensichtlich noch nicht hören, was nicht ausgesprochen wird.

«Dann sollten wir sie einfach lassen», sagt der Eine. Und in Richtung der Frau fügt er noch hinzu: «Nimm dir ruhig Zeit, an diesem Ort haben wir genug davon. Oder anders, sie zählt nicht.»

Am besten, ich stelle mich tot. Und finde erst einmal in Ruhe heraus, was hier los ist. Alles ist so verwackelt, unübersichtlich, wirkt unterirdisch und gar nicht freundlich. Die Dritte will am liebsten gleich wieder weg.

«Du musst dir wegen uns keine Gedanken machen, die kann man hier ohnehin hören. Und Angst vor uns, weil wir Männer sind? Das ist lächerlich, wie du selbst ja schon gesehen hast. Wir sind hier nicht Männer und Frauen. Schau mich an.»

Ich sehe, aber ich begreife nicht. Ich rechne mit allem. Vielleicht einer eurer Tricks. Erst tut ihr harmlos, wiegt andere in Sicherheit und dann verwandelt ihr euch in aggressive Ungeheuer.

«Bei uns gibt es keine Tricks. Sonst hätten wir die mit Sicherheit angewendet und wären schon längst wieder weg – oder?», wendet sich der Andere, der auf einmal doch ihre Gedanken hören kann, an den Einen.

«Nein, ich nicht, ich würde hierbleiben», sagt der. «Ich gehöre mittlerweile hierher und ich glaube nicht, dass es woanders für mich besser wäre.»

«Nicht besser als hier?», fragt die Dritte entsetzt. Ohne es zu beschließen oder zu wollen, hat sie ihr Schweigen aufgegeben.

«Du wirst sehen», antwortet der Eine ruhig.

«Jetzt erklärt doch bitte, wo sind wir, wie seid ihr hierhergekommen, wie kam ich? Wie lange müssen wir bleiben?»

«Der Reihe nach, aber von hinten: Wir wissen hier nichts, vor allem nicht, wie lange wir bleiben. Zeit spielt an diesem Ort, wie ich schon gesagt habe, keine Rolle. Gekommen sind wir alle gleich: von oben. Auch wenn die Höhe, aus der wir kommen, unterschiedlich ist. Jetzt sind wir auf dem Grund. Wahrscheinlich eines Meeres.

Die Zeit hier tropft, verschwimmt, fließt davon. Du hast keinen Einfluss darauf. Nicht auf deine Vergangenheit, nicht auf deine Zukunft. Die Erinnerungen kommen ungefragt und plötzlich. Deine Zukunft brauchst du erst gar nicht zu planen oder dir auszumalen. Aktiv sein kannst du hier nicht.

Was davor war, hängt von der Erinnerung ab. Die ist bei jedem verschieden. Hast du noch eine?»

«Im Moment nicht.»

«Sicher kommt sie noch. Also ich weiß mittlerweile schon wieder mehr als am Anfang», sagt der Andere aufmunternd.

«Dann erzähl doch.»

# 7.

Glucksendes Gekicher, es flirrt und glitzert hell, im Hintergrund lautes Gelächter. Die Nereiden ziehen vorbei.

– *Schade, dass es kaum noch Delfine gibt, wisst ihr noch, wie wir früher auf ihnen geritten sind? Das war so ein göttlicher Spaß ... und so erotisch ... Aber rede weiter, Galateia!*

– *Also ja, ich wollte sagen, wenn ich ein Mann wäre, ich wäre ja hundertprozentig impotent!*

– *Wieso das denn, du wärst auch als Mann umwerfend betörend und voller Lust wie jetzt!*

– *Das würde mir aber nichts helfen. Allein die Aufregung. Stell dir vor SO NAH! Und vor lauter Bewunderung willst du dir keine Blöße geben* – lautes Gekicher perlt auf – *ja auch wenn du schon nackt bist. Und da sollst du dann noch ... Stell dir vor, diese männliche Sichtbarkeit, die sind doch zum Erbarmen, so den Blicken ausgesetzt! Bei uns ist ja alles innen, verborgen und geborgen ... bleibt immer unser Geheimnis.*

– *Genau! Und vielleicht schmeckt dir ihr Geruch nicht, zu viel Duft oder zu wenig ... Mir würde als Mann alles vergehen ...*

– *Das glaub ich dir nicht, die Lust würde dir helfen, sicher wärst du gleich mittendrin, und die ...*

Das Gekicher entfernt sich so schnell, wie es gekommen ist.

## 8

«Was war das denn?»

«Das zieht manchmal vorbei.»

«Waren die weit weg?»

«Sicher sehr weit. Ich habe sie noch nie gesehen.»

«Aber warum hören wir das Geplapper und Gelächter dann?»

«Welleninterferenzen, Druckveränderung, frag mich nicht. Oder so etwas wie das weiße Rauschen im Weltall.»

«Du scheinst ja doch einiges zu wissen», sagt der Andere.

«Eher Aufgeschnapptes und Vermutetes. Die waren nicht von ganz oben, ich habe mir sagen lassen, es sind Meerjungfrauen, sie scheinen hier zu leben.»

«Kommen die öfter?» Der Andere scheint erregt.

«Du wolltest uns etwas erzählen», wirft die Dritte ein, als hätte sie die Frage nicht gehört.

«Ach ja, wie ich hierhergekommen bin. Na ja, ein bisschen verschwommen ist es doch, oder in einzelne Bilder zerlegt», der Andere versucht zu lachen. «Es ist noch nicht lange her – glaube ich», fragt er in Richtung des Einen.

Der murmelt: «Zeit spielt doch keine Rolle.»

«Ich war auf einem Schiff. Wahrscheinlich einem von denen, die dich so stören», sagt er zum Einen. «Ich wollte weg. Von der Arbeit, vom Büro, einfach raus und vergessen und entspannen. Schwimmen, das weiß ich, und in der Sonne liegen wollten wir. Es gab einen Pool ... oder sogar mehrere. Und auf jedem Stockwerk eine Bar, mindestens. Wir waren eine Gruppe, wollten unseren Urlaub zusammen genießen, Party, Alkohol, ja, auch Frauen. Ich hatte schon eine, das weiß ich sicher, auch wenn ich sie im Moment nicht erkennen, sie irgendwie gar nicht mehr sehen kann, aber die war wohl auch dabei, aber auch da bin ich mir gerade nicht sicher. Wir hatten irgendwie einen Grund zu feiern, vielleicht ein Geburtstag, vielleicht sogar meiner. Es war sehr lustig, viel Gelächter und Gesang, na ja, war wohl eher Gegröle. Vor allem an diesem einen Abend, wir müssen viel getrunken haben ... und ich wollte den anderen zeigen, dass ich super gut balancieren kann, ich fühlte mich sehr stark und gleichzeitig leicht und kletterte irgendwo hinauf ...

Dann war ich auf einmal alleine im Wasser, es muss Nacht gewesen sein. Oder wurde es erst dunkel, als ich unterging? Auf jeden Fall war niemand mehr da. Ich spürte große Kälte, bekam eine Art Schlaganfall, einen ungeheuren Krampf im ganzen Körper, hatte entsetzliche Angst und hoffte, ich würde träumen. Dann muss ich eingeschlafen sein, oder ohnmächtig geworden ... Und dann sprach er mich an.» Er versucht auf den Einen zu zeigen, doch es gelingt ihm nicht.

«Dass du alleine angekommen bist, ist eher ungewöhnlich ...», murmelt der Eine.

«Das war ja nicht gerade viel», sagt die Dritte.

«Weißt du denn mehr von dir?»

Ja, mittlerweile schon, denkt die Dritte, aber das geht euch nichts an.

«Hier haben wir keine Geheimnisse voreinander», sagt der Eine.

Sie erschrickt und wagt nicht, weiterzudenken.

## 9.

Es blubbert, sprudelt in hellen, durchsichtigen Blasen, der ganze Boden ist übersät, im matten Licht schimmern unzählige Perlen aus Glas, wie wenn in einem glänzenden Topf das Wasser zu kochen beginnt. Die drei sind fasziniert. Erklären können sie das Schauspiel nicht, aber sie fühlen sich auf seltsame Weise entspannt.

Der Eine versucht noch einmal die Dritte in die Runde einzubeziehen. «Natürlich kannst du dich abschotten, dich in dir versenken, alles abwürgen, was nach außen dringen könnte. Aber du machst es dir nicht leichter. Und für uns bist du dann wie ein Stein, der nur herumliegt.»

«Was macht es für einen Unterschied? Ihr seid doch selbst leblos wie Steine.»

«Nein, sind wir nicht», sagt der Andere bestimmt. «Wir können zueinander Verbindung aufnehmen. Wir können reden, uns die Zeit vertreiben, vielleicht sogar herausfinden, wie wir wieder wegkommen.»

Der Eine schweigt nachsichtig.

Nach einer Weile sagt er: «Vor sich hin dämmern bringt uns nicht weiter, wir drehen uns dann schnell im Kreis, vielleicht können wir gemeinsam doch etwas mehr über unsere Lage herausfinden, etwas erkennen. Oder wir können uns natürlich der Hoffnung hingeben, dass wir wieder hier herauskommen. Wie auch immer.» Den letzten Satz sagt er, ein wenig verächtlich, zum Anderen.

Wenn wir das überhaupt wollen, auf den ersten Blick scheint es hier ja friedlich zu sein, denkt die Dritte, fast gegen ihren Willen. Und Schmerzen habe ich auch keine mehr.

«Warst du verletzt?», fragt der Eine.

«Das denke ich, kann man so sagen.» Sie hält inne. Alles scheint sich aufzulösen.

## 10.

«Man lernt das Meer ja sonst eher von der Oberfläche her kennen», sagt der Andere. «Das heißt, man sieht das unendlich weite Blau, das Licht, die Sonnenstrahlen auf den Wellen. Man spürt die salzige Brise. Und man hat Urlaub und ungeheure Freiheitsgefühle ...»

«Als ich das Meer zum ersten Mal sah, erschien es mir wie silberne Seide, oder gekräuselter Chiffon oder blauer Krepp, ...», sagt die Dritte träumerisch und hält inne.

«Wenn wir schon bei Stoffen sind», schaltet sich der Eine ein, «war es bei unserer Überfahrt eher schwerer Samt. Auch nicht blau, sondern graubraun, an manchen Stellen und zu manchen Zeiten fast schwarz. Vor allem nachts. Später, als der Wind aufkam, wurden die Wellenspitzen zu Gischt, wie Tüll, das Wasser zerstob in Millionen von winzigen Tropfen, die so dicht waren und so heftig auf uns einschlugen, dass sie uns zu ersticken drohten. Es war kalt und wir hatten Angst. Und fürchteten, dass wir den Kampf verlieren könnten.

Für mich war das Meer zum ersten Mal und von da an für immer die große Trennung, war Hindernis und Gefahr. Wir wollten und mussten es überwinden. Wir liebten es nicht mehr. Es hatte sich so furchtbar verändert. Früher konnten wir mit ihm umgehen, auch wenn es manchmal gefährlich war, aber meist war es freundlich, es hat uns unsere Nahrung gegeben und unser Eindringen geduldet. Bis die großen Fangflotten der anderen kamen, aber dafür konnte es ja nichts.»

«Aber seine Oberfläche bleibt doch immer eine Verlockung, eine vielversprechende Einladung», der Andere bleibt unbeeindruckt und gerät ins Schwärmen. «Die erfrischende Abkühlung im Sommer beim Schwimmen, die endlose Weite eine einzige Einladung, eine spiegelnde Fläche für Vergnügen, für Wasserski, Segeln, Motorbootfahrten. Ich liebe Geschwindigkeit. Und das majestätische Dahingleiten auf dem Wasser. Auch auf die Kreuzfahrt habe ich mich so gefreut.»

«Ohne an uns hier unten zu denken, die das nur stört. Habe ich ihm schon erklärt», fügt der Eine an die Dritte gewandt hinzu. «Außerdem, dich abkühlen und tauchen kannst du jetzt solange du willst. Auch zu eng wird es dir kaum werden – und das Ruhighalten schadet dir sicher nicht.»

«Du bist zynisch.» Der Andere ist gekränkt.

Die Dritte schweigt und versucht nicht zu denken.

«Du hast recht, es gibt keinen Anlass dafür», sagt der Eine versöhnlich. «Entschuldige. Wir sitzen alle auf dem gleichen Grund.»

In die folgende Stille stülpt sich ohne Vorwarnung und ohne erkennbare Logik eine Erinnerung über die drei, taucht wie aus dunkler Tiefe auf oder fällt aus sehr großer Höhe.

## 11.

*Der Kleine redet zu viel. Ich würde sagen, er ist reif für die DUNKELKAMMER.* Der Rechtsanwalt, ein untersetzter blonder Mann mit hart zusammengekniffenem Kiefer, zwinkert seiner Frau zu und packt blitzschnell mit beiden Händen den etwa fünfjährigen Sohn am Kragen. Der beginnt sofort zu wimmern, drückt sich die kleinen Hände gegen das verschwitzte Gesicht und windet sich unter dem festen Griff des Vaters.

*Nein, ich will da nicht hin. Ich habe Angst,* schreit er, die blonden Haare zerzaust, und schaut hilfesuchend nach seiner Mutter. Die spießt resolut einen Bissen Enten-Confit auf die Gabel, zieht genervt die Augenbrauen hoch und bedeutet ihrem Mann, doch um des Friedens willen den Kleinen loszulassen. *Ich möchte einmal in Ruhe essen,* sagt sie und schiebt den Bissen in den Mund. Sie kaut langsam, aber sichtlich ohne Genuss. *Du musst ihn nicht immer ausgerechnet beim Essen erziehen wollen,* fügt sie noch hinzu.

*Sonst sehe ich ihn doch kaum,* antwortet der Vater und lässt den Sohn los. Dabei gibt er ihm noch schnell einen kräftigen Stoß, sodass das Kind hilflos nach hinten fällt.

Die Mutter hat nichts gesehen. Und der Kleine wagt nicht zu weinen.

## 12.

Keiner sagt etwas. Der Andere wischt ein störendes Bild beiseite, von dem er nicht weiß, warum es ihn ausgerechnet jetzt überfällt. Wie mit einer Fischaugenlinse aufgenommen war die Szene aufgetaucht. Gewölbt, verzerrt und bruchstückhaft, aber das Wichtigste immer in der Mitte. Er fühlt etwas wie Scham und wartet auf eine Reaktion der anderen beiden. Doch die lassen nicht erkennen, ob sie etwas wahrgenommen haben.

Ich gehe gegen unendlich, denkt die Dritte, löse mich auf. Ich zerfließe, ohne dass ich etwas dagegen tun kann. Liegt es an diesem Ort, und ist es diesen Männern auch so ergangen? Die Dritte hat vergessen, dass ihre Gedanken zu hören sind.

«Ja, das kann ich von mir nur bestätigen», beeilt sich der Andere, erleichtert, dass sie nicht auf das gerade Gesehene eingeht. Zudem will er der Wichtigere, der Gesprächspartner für sie sein und ist dankbar für die Ablenkung. «Wir geraten hier wohl alle etwas aus der Fassung.»

«Bleibt das für immer so?»

«Das weiß ich nicht», sagt der Andere.

«Wir wissen alle nichts. Auch ich vermute mehr, als ich weiß.» Der Eine wirkt abgeklärt.

«Es ist ein verschlungenes Gefühl. Wirbelig und windungsreich. Ich kann nicht heraus, bin in einer der Schlingen gefangen, wie in einer Endlosschleife.

Alleine dass es keinen Anfang gibt, lässt mich ahnen, dass auch das Ende nahtlos wieder in einen weiteren Verlauf münden wird. Ich bin unsäglich verwirrt.»

«Das wird sich sicher legen.» Der Eine klingt beruhigend und die Dritte versucht wieder weder zu sprechen noch zu denken.

## 13.

«Sind wir auserwählt? Von wem? Wozu? Ich hätte so
viele Fragen», sagt die Dritte.

«Und wir haben leider auf keine davon Antworten»,
sagt der Eine.

«Doch, vielleicht, um gerufen, gesucht und geholt
zu werden von jemandem dort oben, jemandem, der
oder die uns vermisst ...», erwidert hoffnungsvoll
der Andere.

«Du meinst von einem Menschen, der dich so liebt,
dass er alles daransetzt, dich zu finden?», fragt der
Eine.

«Mich muss doch niemand lieben, aber irgend-
jemandem muss doch auffallen, dass ich fehle, und
irgendjemand, der oder die sich mit der Sache, heißt
mit der Suche auskennt, soll endlich aufwachen.
Ich bin doch noch viel zu jung, um einfach so abzu-
treten ... Apropos, kann es sein, dass wir vielleicht
gleich alt waren, als wir von oben weggegangen
sind?», fragt er.

«Das kann nicht sein, auf keinen Fall. Der unan-
sehnliche Knochenhaufen da war bestimmt älter.
Ich bin mit Sicherheit die Jüngste von euch.»

«Wenn dir das so wichtig ist, bitte.» Der Eine gibt
sich galant, fügt aber gleich ein wenig spöttisch hinzu: «Und du bist sicher auch die Schönste im ganzen Land, na ja, Meer. Ich bin außerhalb von eurem
Wettbewerb, ich bin alt, auch innerlich. Aber viel-

leicht im Sinn von wertvoll, wie eine alte Truhe. Ich bin hier angekommen, ganz und gar, gehöre gewissermaßen zum Inventar und denke, ich habe mittlerweile ausreichend Erfahrung mit dem allen.»

«Das klingt für mich aber nach Hochmut. Und nicht nach abgeklärt», sagt die Dritte. «Du bist sicher vor Urzeiten an diesen Ort gesunken oder hier gelandet, gestrandet und offensichtlich verankert, aber das alleine ist doch kein Verdienst. Das alles, was man oben gemacht und wofür man sich eingesetzt hat, zählt sicher genauso viel. Ihr Typen haltet euch wieder einmal wegen allem und jedem für etwas Besonderes, überall das Gleiche.»

«Es geht doch nicht um Wettbewerb und Beurteilung, wer mehr wert ist», versucht der Eine zu beruhigen. «Oben war ich sicher ein Dummkopf. Bin darauf hereingefallen, was man uns erzählt hat. Sonst wäre ich nicht hier, getrennt von allem, was mir wichtig war. Trotzdem kann ich das nicht als Strafe oder Verurteilung sehen. Jetzt sind wir nun einmal da und können vielleicht gemeinsam etwas mehr klären. Wir müssen miteinander auskommen, oder sollten es zumindest versuchen.»

«Mir ist das Ganze immer noch nicht geheuer. Vielleicht träume ich doch und werde demnächst aufwachen.» Der Andere versucht seine Körperhaltung zu verändern, sich selbst zu berühren, sich zu zwicken und sich so vielleicht zu wecken, aber seine Glieder scheinen vom Wasser oder von fremder Hand in Beschlag genommen, wehen, winken, fließen von da nach dort. Er hat keinen Einfluss darauf. Nun gut, wenn ich nicht schlafe, werde ich sicherlich demnächst geholt, denkt er weiter. Oder – ihm wird auf einmal übel – die anderen können von mir, also von hier kein Signal empfangen. Ich bin in einem Funkloch. Dann wäre es aus.

«Es wäre ebenso wenig aus wie mit uns. Es wäre nur anders. So wie jetzt eben. Du brauchst nur etwas Mut.»

«Nachdem man nichts machen, nichts beeinflussen kann, ist es doch egal. Wir brauchen dann auch keinen Mut mehr», sagt die Dritte.

«Ja, sie hat recht, du hast vorhin gesagt, dass wir jetzt nichts mehr tun müssen. Dann bleibt es ohne Einfluss, wie wir dazu stehen, ob es uns Angst macht oder uns ankotzt oder ob wir es akzeptieren.»

«Es macht einen Unterschied. Es geht um Würde. Aber das ist kompliziert.»

## 14.

Die Dritte hat eine Tonspur im Kopf, die nie verstummt. Sie hört sich selbst schreien und will sich zum Schweigen bringen. Es gelingt ihr nicht.

«Was ist dir widerfahren?», fragen der Eine und der Andere fast gleichzeitig.

«Ich kann mich nicht erinnern», klagt die Dritte hilflos.

«Es wird kommen.»

«Vielleicht besser nicht. Ich habe Angst.»

«Dafür weiß ich wieder, wer ich bin», platzt der Andere heraus, vielleicht auch nur, um die bleierne Stimmung aufzuhellen.

«Sag es.»

«Ich bin, glaube ich, Rechtsanwalt.»

«Für dich oder für andere», fragt der Eine, und die Dritte muss sich jetzt doch ein Lachen verkneifen.

«Man ist immer Rechtsanwalt für andere», sagt sie.

«Bei uns nicht», sagt der Eine. «Da sind welche, die sind nur für sich Anwalt, für ihre eigenen Rechte und für ihr Geld vor allem, aber auch für den verbrecherischen Staat.»

«Nein, die heißen dann Staatsanwalt, aber das ist wieder etwas anderes», der Andere klingt belehrend. «Ich weiß nicht mehr genau, was mein Bereich war. Mein Vater war auch Rechtsanwalt und wohl erfolgreich, wir haben nicht viel miteinander geredet damals, aber wir haben gut gelebt, Geld spielte in meiner Kindheit keine Rolle, dafür die Angst umso mehr. Meine Mutter hat halbtags gearbeitet, in der Redaktion eines Modemagazins, aber nur, weil sie das wollte, nötig wäre es nicht gewesen. Ja, als Rechtsanwalt wird man gut bezahlt, falls du das meinst», sagt er zum Einen, «aber ich habe es nicht deshalb gemacht. Oder nicht nur deshalb. Geld zu verdienen ist natürlich wichtig.»

«Jetzt nicht mehr.»

«Natürlich nicht. Aber wenn ich zurückkomme, ist es doch gut, dass es da ist.» Er zögert einen Moment. «Sicher, wenn man wüsste, dass man womöglich so schnell abtreten muss, würde man sich nicht zu sehr darum kümmern, das stimmt schon. Nur, man weiß es eben nicht, und ein Leben kann ganz schön lang werden und mühsam, wenn man nichts hat.»

«Davon kann ich ein Lied singen. Aber das lernst du doch schon in der Schule, dass du am Ende nur einen Obolus brauchst für die Überfahrt», sagt die Dritte.

«Wie, das lernt man auch bei euch?»

«Weshalb fragst du – wegen Frau? Oder wegen Afrika? In beiden Fällen nicht gerade schmeichelhaft für dich.»

«Lass ihn doch. Wir sollten über dem allen stehen, oder liegen», mahnt der Eine und die Dritte vermutet, dass er sie nicht ernst nimmt.

«Oh nein, mich widert das an, wenn alles hierhertransportiert wird, worunter wir da oben gelitten haben, das halte ich nicht aus.» Ihr Reden ist in Schreien übergegangen und dieses in ein großes Brausen.

## 15.

Poseidon, der Mächtige des Meeres, zieht vorüber.

*Ach, alles unter eine Woge zu bringen! Diese Menschen und Nereiden und alles Getier. Jeder ist gegen jeden. Für meine Töchter bin ich nicht zuständig und die tun ja auch niemandem etwas, aber diese Menschen reizen mich doch immer wieder. Jeder glaubt, er sei der Einzige und unabhängig und selbst fähig, zu tun und denken, was ihm beliebt – und weiß doch nichts. Wie lange ich die hier halten muss, bis sie endlich Ruhe geben!*

*Es gibt eine große Konfusion im Wasser. Sie kommen von überall. Manche hüpfen hinein und wieder heraus und lachen und scheren sich nicht um die anderen tiefer unten. Und manche von denen auf dem Grund wollen wieder heraus, werden aber nicht gefunden oder auch gar nicht gesucht, und wieder andere, die bleiben wollen, werden zurückgeholt, ohne dass ich etwas dafür oder dagegen tun kann, und die, die für immer bleiben, denken nach einer Weile, sie gehörten dazu und wüssten alles und könnten womöglich ermächtigt werden, ihr weiteres Schicksal selbst in die Hand zu nehmen.*

*Hätte ich nicht so viel Geduld, ich würde wohl alles auslöschen, auch wenn ein gewisser anderer das mit Sicherheit wieder rückgängig machen würde, dieser Philanthrop.*

## 16.

Alle drei schweigen und warten.

«Habt ihr das gehört?», beginnt schließlich der Andere.

«Natürlich, wir sind ja nicht taub, und laut genug war es ja.» Hoffentlich kam er nicht wegen mir, denkt die Dritte erschrocken.

«Ja, aber wer oder was war das denn?» Der Andere ist irritiert.

«Das war Poseidon, wir hören ihn nur selten, aber er ist immer da», erklärt der Eine. «Er ist wohl der Chief hier.»

«Denkst du, er kann uns was?», fragt die Dritte unsicher.

«Was meinst du, uns bestrafen, uns hinausschmeißen oder uns umbringen?», der Eine scheint amüsiert. «Und ihr habt doch gehört, er kann auch nicht so ganz, wie er will.»

«Also wird er uns in Ruhe lassen. Trotzdem sollten wir ihn vielleicht nicht übermäßig reizen und zu laut werden», sagt der Andere zur Dritten.

«Nur, weil du es dann bequemer hast mit deinen Vorurteilen und Vorbehalten gegen alles, was anders ist als du, gegen ein anderes Geschlecht, eine andere Herkunft, Bildung und natürlich Aussehen. Alles ist ja unter deinem Niveau. Du fühlst dich sicher genauso göttlich wie er. Er ist auch ein Mann und ihr könnt euch natürlich verbrüdern und andere von oben herab behandeln oder ignorieren. Euch interessiert doch nur, wer die Macht hat und über wen.»

«Bleibt doch friedlich. Das ist alles vorbei. Wenn ihr erst einmal eine Weile da seid, löst sich alles.» Der Eine versucht zu beruhigen.

«Frauen sind keinen Deut anders, auch sie wollen nur Macht, und wenn sie die dann haben, sind sie genauso rücksichtslos», entgegnet der Andere trotzig, «und Schwarze sowieso. Schau dir doch an, wie die miteinander umgehen.»

«Ich weiß. Sind aber vielleicht Folgen von etwas, das sie jahrhundertelang von euch ...»

«Es reicht», schaltet sich der Eine wieder ein. «Es bringt nichts, sich jetzt noch alte Geschichten von anderen Akteuren zum Vorwurf zu machen. Wenn wir reden, dann über Wesentliches.»

«Und das wäre?», fragt die Dritte.

«Über uns. Jetzt und hier. Anderes von früher kommt für jeden von alleine, wenn er oder sie so weit ist. Es spielt letztlich auch keine Rolle mehr.»

## 17.

Ihre Folterer sind Männer, mehrere, und einer ist der «Chief», der «Capo».

*Ich brauche einen Dolmetscher. Es ist sehr wichtig,* sagt sie, weil sie merkt, dass er kein gutes Englisch beherrscht. Der Dolmetscher kommt, auch er ein Mann. Er trägt Anzug und Brille und wirkt neutral. Kurz hat sie die Hoffnung, dass er vielleicht für sie Partei ergreifen, ihr in irgendeiner Weise helfen könnte, aber sie erkennt schnell, dass er unterwürfig ist und selbst Angst hat.

Sie sitzt nackt, mit gespreizten Beinen an die Stuhlbeine gefesselt, vor ihrem Folterer. Rechts und links hinter ihr, sodass sie sie nicht sehen kann, ohne den Kopf zu wenden – der geringste Versuch, das zu tun, wird mit einem kräftigen Schlag ins Genick bestraft –, ziehen zwei weitere Männer mit Seilen ihre Arme nach hinten. So führen sie das Gespräch. Der Folterer fragt im Befehlston, was sie ihm sagen möchte.

Sie schaut ihn nur an. Der Übersetzer, der nicht weit von ihr auf der Seite Platz genommen hat, versucht sie zum Reden zu bringen.

*Ich werde hier sterben,* sagt sie schließlich, *aber vorher werde ich Ihnen etwas Wichtiges mitteilen.* Sie macht eine kurze Pause, damit der Dolmetscher übersetzen kann. Sobald er zu sprechen aufhört, redet sie weiter, noch bevor der Folterer etwas entgegnen kann. *Es ist Zufall, dass ich hier sitze, auf diesem Stuhl – und Sie dort. Es wird nicht für alle Ewigkeit so sein. Es könnte durchaus sein, dass beim nächsten Mal, vielleicht erst in einem anderen Leben,* sie redet immer schneller, *unsere Rollen getauscht werden. Und dann ...*

Sie muss sich beeilen und alles gesagt haben, bevor sie ihr die nackten Brüste mit scharfen Messern wie Orangen schälen.

## 18.

«Warum schreist du schon wieder?»

Die Dritte wirkt verstört. «Ich glaube, ich habe geträumt. Ich wusste nicht, dass ihr ...»

«Mach dir um uns keine Gedanken», sagt der Eine, «jetzt fängt es also bei dir an. Es war sicher noch nicht das letzte Mal.»

«Aber das ist ja kaum auszuhalten», beschwert sich der Andere. «Das geht mich doch nichts an, wieso müssen wir alles miterleben und sind dem so ausgeliefert?»

«Sie hat das alles im Leben durchgemacht. Und das war sicher um einiges entsetzlicher. Außerdem war dein Brocken von damals auch hart», sagt der Eine.

Der Andere ist verlegen. «Ach klar, das habt ihr auch mitbekommen.»

«Es fällt einiges über uns her von früher. Manchmal wie ein Traum, manchmal wie aus der Warte eines anderen. Immer ein bisschen verzerrt, aber mit dem Wichtigsten im Zentrum. Meist ist es Belastendes. Und natürlich können, ja müssen wir alle, wenn auch erst nach einiger Zeit, alles mithören und miterleben. Es ist nicht möglich, sich taub zu stellen und sich den Bildern zu verschließen. Nur manchmal sind das Tosen, Rauschen und Brausen, die anderen Geräusche hier zu laut, die Bilder verwackeln dann, aber deine Eltern waren durchwegs gut zu hören und zu sehen.»

«Ist ja peinlich, wie bei den Anonymen Alkoholikern oder diesen anderen Beichtgruppen. Aber da geht man freiwillig hin und entscheidet selbst, was man von sich preisgibt. Wieso hören wir denn eigentlich nichts von dir? Kommt das noch?»

«Es scheint hinter mir zu liegen», antwortet der Eine.

«Dann bist du ja fein raus und kannst dich an unseren Geschichten ergötzen, ohne Angst haben zu müssen, dass von dir etwas Unangenehmes bekannt gegeben wird.»

«Wie du ja selbst schon erfahren und gerade gehört hast, kann von *ergötzen* nicht die Rede sein. Und außerdem werde auch ich immer von dem überrumpelt, was noch kommt. Ich kann euch aber, wenn ihr wollt, von mir erzählen, was ich mittlerweile wieder weiß.

Wie es zum Beispiel dazu kam, dass ich weggegangen bin. Meine Frau, sie hieß Mariam, wollte das zuerst nicht, aber dann wurde im Dorf beschlossen, dass ich mit ein paar anderen Männern den Anfang machen sollte. Wir hatten ja alle immer weniger Einkünfte, wir bekamen erst einmal ein Darlehen, das wir nach und nach zurückzahlen sollten. Es gab natürlich Neider unter denen, die zurückblieben, vor allem wegen des Geldes. Aber das brauchten wir ja erst einmal nur für die Überfahrt. Und wenn wir dann ankommen und aufgenommen und gut verdienen würden, sollten wir Geld nach Hause schicken und unsere Familien nachholen. Es klang ganz einfach.»

«Ja, das kennen wir doch. Scheint immer das Gleiche zu sein. Und dann ist es schiefgelaufen. Es hätte doch ohnehin kaum Aussicht auf Erfolg gehabt», unterbricht der Andere ungeduldig.

Die Dritte ist noch zu sehr mit dem gerade Erlittenen beschäftigt und schweigt.

Auch das Wasser wird dunkel und still.

## 19.

Ein junges Mädchen mit großen dunklen Augen und sehr langen Haaren, die zu einem Zopf zusammengebunden sind, hütet Ziegen für ihre Sippe. Sie trägt bunte, aber ein wenig ausgeblichene Kleider.

Er ist noch ein Junge und kommt täglich, um sie zu sehen. Sie ist nicht älter, aber erfahrener als er. Nomadenkinder werden schneller erwachsen, hat seine Mutter ihm gesagt. Der Junge stellt ihr nach, ist verzaubert von ihrer Schönheit und folgt ihr wie ein Schatten.

Sie ist schmal und biegsam und läuft schnell vor ihm her.

Sie lacht und er denkt, es sei über ihn. Da fühlt er sich beleidigt und will ihr die Ziegen abspenstig machen, sie von ihr wegtreiben. Er mischt sich unter die Herde, bemüht sich, schnalzt, lockt, schlägt auf Hinterteile, ja, zieht sogar an den Hörnern, aber vergeblich, die Ziegen drängen sich zu ihrer Hirtin. Er ist verzweifelt. Da geht sie zu ihm, nimmt sein Gesicht in ihre Hände und drückt ihm einen Kuss auf die Stirn. Er weint und schämt sich.

Das ist der Anfang seiner ersten Liebe. Sie sagt ihm, dass sie einmal Großes leisten will. Er schaut ungläubig.

Und betrachtet seine zerrissene Hose.

## 20.

«Wenn du meinst, dass wir selbst das Thema hier sind», sagt der Andere zum Einen, «dann können wir, soweit die Erinnerungen wieder da sind, über unser früheres Leben reden. Oder? Das da eben war doch von dir?»

«Ja, war es», sagt der Eine knapp. «Ist mir jetzt zuvorgekommen, ich wollte euch ja ohnehin von mir erzählen, aber vielleicht nicht ausgerechnet das. Ich muss traurig sein, dass ich gerade jetzt an die denken muss, die ich dann später aus den Augen verloren habe», überlegt er. «Sie hat tatsächlich immer ihr Ziel verfolgt, hat verschiedene Schulen besucht, immer weiter weg, kam in den Ferien aber stets nach Hause, also auch zu mir. Doch dann hat sie Medizin studiert und ist endgültig weggegangen. Unsere Leben haben auch nicht mehr zusammengepasst. Aber schöne Erinnerungen helfen, man sollte sie aufbewahren wie Brot und Wasser auf einer Reise durch die Wüste oder für eine lange Fahrt übers Meer – oder eben den Aufenthalt darin.» Er wartet ein bisschen. «Wenn ihr wollt, reden wir also über uns – wenn es euch möglich ist.» Er wendet sich jetzt auch an die Dritte.

«Nein, ich will das nicht. Und es geht auch nicht. Ich bin froh, wenn das Zurückliegende wegbleibt. Dann kann ich hier vielleicht Ruhe finden.»

«Das wird so nicht geschehen, nach allem, was ich auch von anderen gehört habe. Alle müssen früher oder später noch einmal durch das Erlebte. Manche auch mehrmals. Aber irgendwann endet auch das. Kommt dann nur noch selten. Wie bei mir. Bei anderen vielleicht nicht, das kann ich nicht sagen. Ich kenne ja nur einen kleinen Ausschnitt von allem, was hier passiert. Vielleicht dauern diese Erinnerungsattacken bei manchen für immer an.»

«Das wäre dann die Strafe schlechthin.» Der Andere und die Dritte erschaudern beim Gedanken, manches immer und immer wieder durchmachen zu müssen.

«Man ist so wehrlos», sagt die Dritte. «Man hat doch schon damals nichts dagegen tun können.»

«Aber vielleicht ist es wichtig für die Reinigung, und für die Ruhe danach, für den Frieden, der dann vieles erträglicher macht», sagt der Eine.

«Ja, es gibt verschiedene psychologische Richtungen, die das provozieren wollen, haben mich aber nie überzeugt. Ich fände es besser, selbst auszuwählen, woran man sich erinnern will, positive, heitere Geschichten zu erzählen und uns damit die Zeit zu vertreiben.» Der Andere gibt nicht auf, will die Lage verbessern oder ihr irgendetwas Unterhaltsames abgewinnen.

«Welche Zeit?», fragt der Eine. «Die du gelebt hast, ist offensichtlich vorbei, für mich zumindest», fügt er schnell hinzu, da der Andere schon ansetzt, zu widersprechen, «da ist also nichts mehr zu vertreiben. Und die hier, die dauert sicher länger, als wir uns vorstellen können, auch da ist nichts zu vertreiben. Von dem, was hochkommt, kannst du nichts verdrängen, darauf hast du keinen Einfluss. Aber gut, du kannst ja trotzdem anfangen, uns etwas von dir zu erzählen, und dabei auszuwählen, was dir gefällt, um uns heiter zu stimmen.»

Der Andere überlegt kurz, sucht eine schöne Erinnerung und beginnt zu erzählen. Er spricht auf einmal langsam, als ob er erst nach den Wörtern tasten müsse. «Als ich noch ein kleiner Junge war, bin ich unheimlich gerne Karussell gefahren, am liebsten hatte ich das mit Auto, Flugzeug, Pferd und Kutsche. Bei uns gab es im Frühjahr und im Herbst immer ein Karussell auf dem Jahrmarkt, so ein altmodisches. Auch ein Elefant und eine Giraffe waren dabei, erstaunlicherweise. Die Kutsche und das Flugzeug standen sich genau gegenüber. Und wenn das Karussell Fahrt aufnahm und sich richtig schnell zu drehen begann, hoben sich beide in die Luft. Ich wollte immer in einem von beiden sitzen», er klingt sehnsüchtig, «obwohl mir immer ein bisschen schwindelig wurde und ich Angst hatte, hinausgeschleudert zu werden und davonzufliegen. Aber das Wetter war immer schön und meine Mutter war immer in der Nähe und winkte mir, wenn ich ganz oben war, und sie war dann ganz klein und ich flog hoch über allem ...»

«Lebt sie noch?», fragt die Dritte.

Der Andere wird abrupt aus seinem Traum gerissen, er zögert. «Ich glaube schon. Ich weiß ja nicht, wie lange ich weg, also hier bin. Das letzte Mal, als wir uns sahen, war sie alt und in einem Heim. Aber einem schönen», fügt er schnell hinzu. «Es gefällt ihr gut da und es fehlt ihr an nichts. Außerdem besuche ich sie oft.»

«Warum denkst du, dass du dich rechtfertigen musst, wir urteilen doch nicht.»

«Und dieser Vater, der dich gequält hat?», fragt die Dritte.

«Der war bei so etwas nie dabei – und er ist früh gestorben, zu meinem Glück. Herzinfarkt. Und weg. Ich war vierzehn und überhaupt nicht traurig. Meine Mutter merkwürdigerweise schon. Deshalb musste ich dann auch so tun als ob. Aber ich war froh, dass ich ihn los war, und hätte ihn sehr gerne ganz vergessen.»

«Ich denke manchmal, dass wir sie nie ganz loswerden, unsere Vorfahren und Ahnen, dass sie doch Einfluss darauf haben, was mit uns geschieht. Früher habe ich mich nicht darum gekümmert und sogar den Kult, den manche für ihre Verstorbenen angestellt haben, kritisiert. Meine Frau und ihre Familie waren da sehr hingebungsvoll und haben ihre Vorfahren in regelmäßigen Ritualen verehrt. Sie haben meine Haltung nicht verstanden, aber mich in Ruhe gelassen, auch weil es ja viele andere gab, die nicht viel davon hielten. Doch dann, am Anfang, als ich hier festhing, musste ich mich immer wieder, fast zwanghaft, fragen, ob ich meinen Vater, ja, meine Vorväter nicht besser doch geehrt hätte. Womöglich war das hier eine Strafe, eine Rache an mir.»

«Und jetzt», fragt die Dritte, «denkst du das immer noch?»

«Nein, keiner von denen ist mir bisher erschienen.»

Hohe Töne schwirren und surren durch das Wasser, es wird laut, und sie können einander nicht mehr hören.

## 21.

Geschmeidige, glatte Körper ziehen vorbei, von glucksendem Gelächter begleitet. Hinter graublauen Wogen tauchen straffe kleine Bäuche mit tiefrot leuchtenden Karfunkeln im Nabel unter festen runden Brüsten auf. Das oben und unten bleibt verborgen, Kopf und Unterleib verschmelzen mit der Umgebung.

– *Weißt du, was ich neulich gesehen habe? Einen Mann, mit meinem Abbild am Arm!*

Lautes Gekreische.

– *Nicht einmal schlecht getroffen. Gut, das Ganze war groß, der Arm war mächtig. Doch der Mann stellte sich meinen Unterleib von den Füßen bis zum Nabel als Schwanz mit Flossen vor!*

Aufgeregtes Durcheinanderrufen.

– *Ja, der Schwanz hatte in seiner ganzen Länge Platz, wickelte sich mit blaugrünen Schuppen von vorne nach hinten und wieder nach vorne bis zum Handgelenk.*

– *Und dein Gesicht? Keiner von denen hat dich doch je gesehen.*

– *Nun, das lag auf dem Bizeps und war eher nichtssagend, ja, sah sogar ein bisschen dumm aus. Sie haben wohl so eine Vorstellung von uns ...*

– *Dann weißt du doch gar nicht, ob du es bist, die das Bild darstellt, könnte doch genauso eine von uns sein ...*

Das Gekicher geht in lautes Sprudeln und Gelächter über.

– *Ich glaube, viele wissen gar nicht, dass es uns wirklich gibt.*

– *Es ist sicher irgendeine Geschichte, die sie mal von uns gehört haben, eben auch, dass wir Schwänze als Unterleib haben. Und diese Abbildungen auf ihrer Haut sind wohl gerade eine Mode.*

– *Ich dachte, die sei schon längst wieder vorbei ...*

Die Gruppe entfernt sich glucksend und lachend.

## 22.

«Habt ihr das gesehen? Jetzt waren sie viel näher. Doch diese Hippelzippen können offensichtlich nichts anderes als kichern», sagt der Andere überheblich, als es wieder still ist.

«Bei uns gelten sie als gefährlich. Sie locken Männer in ihre Welt, die ja eine Unterwelt ist, wo sie herrschen. Manche sagen, sie täten das absichtlich, weil sie wissen, dass ihr Element für uns tödlich ist. Wir müssen uns dann nach ihrem Willen verwandeln und alles tun, was sie wünschen.»

«Ach, Männerfantasien, das hättet ihr wohl gerne, euch verführen lassen und dann die Nixen für jeden Ertrunkenen verantwortlich machen. Sie haben wohl einfach ein anderes Dasein. Und das lässt sie frei herumschwimmen und sich ein bisschen lustig machen über dies und das. Ich wollte, ich könnte das auch», sagt die Dritte.

«Was, herumschwimmen oder dich lustig machen?»

«Beides. Und für beides hatte ich wohl nie besonderes Talent.»

«Dann hast du dir jetzt wirklich den falschen Ort ausgesucht, oder die falsche Position», sagt der Andere.

«Ich habe mir gar nichts ausgesucht. Ich habe mich an diesem Ort wiedergefunden, ohne zu wissen, wie ich hierhergekommen bin. Ich habe gehofft, ich würde in ein luftiges Jenseits kommen, ins Helle, wie auch immer, in eine Art Erlösung – oder in die komplette Auflösung. Was ja vielleicht das Gleiche ist.»

«Es ist mit Sicherheit ein Abteil des Jenseits, wo wir sind. Ich denke, keiner von uns konnte und kann sich etwas aussuchen, jeder bekommt seinen Platz, ohne gefragt zu werden. Auch wenn wir bestimmt an irgendeinem, noch so unscheinbarem Punkt die Reise hierher mit verursacht haben. Also selbst mitgewirkt haben, dass wir genau hier sind. Ich habe euch ja von meinen Vorfahren erzählt, die ich vielleicht nicht genug geehrt habe, und doch kann ich mittlerweile nicht glauben, dass sie Rache üben wollen und Interesse daran hätten, mich zu strafen, sie wissen ja, wie anstrengend das Leben, das Überleben oben ist, und hätten bestimmt Verständnis für mich. Außerdem weiß ich nicht, ob sie überhaupt irgendetwas bewirken könnten, zum Guten oder Schlechten. Ich kann nur hoffen, dass wir aus unserer Lage hier etwas machen können. Und sei es einfach, dass wir uns in Würde damit abfinden», sagt der Eine.

«Du mit deiner Würde, du klingst ja dermaßen abgeklärt, dass ich mich langsam wundere, dass du nicht schon mit Heiligenschein nach oben geflogen bist.» Der Andere klingt gereizt.

«Du denkst also, wir sind unten in der Hölle? Was hast du denn für Kindervorstellungen im Kopf? Heiligenschein und der liebe Gott oben im Himmel. Bei uns zu Hause hat man nie so gedacht, auch wenn sie uns immer wieder solche Geschichten erzählt haben und wollten, dass wir das glauben. Ich habe dich für jünger gehalten und für klüger.»

«Für einen Jünger?»

«Nein, für jünger, für jemanden, der nicht mehr in Berührung mit diesen Missionarspredigten gekommen ist. Oder wenn doch, dann für jemanden, der über genügend Verstand ...»

Der Andere unterbricht ihn. «Ist ja gut, ich weiß. Du hast recht, ich glaube natürlich nicht an diesen Humbug – übrigens auch nicht an den Weihnachtsmann, fliegende Rentiere und Osterhasen, die Eier verstecken.» Er hält sich für witzig. Als keiner lacht, wechselt er schnell zu einem anderen, neuen Aspekt des Themas und gibt sich einen sachlichen Ton: «Wir haben durch die Technik heute doch umfassende und unwiderlegbare Möglichkeiten der Aufklärung.»

«Das verstehe ich nicht», sagt der Eine.

«Ganz einfach. Wir können beweisen, dass religiöse Erzählungen eben nur Erzählungen sind, für diejenigen, die so etwas brauchen, und dass sie mit Tatsachen wenig zu tun haben. Gott gibt es weder ganz oben noch ganz unten, da haben Menschen ja schon gesucht. Außerdem gibt es inzwischen Beweise, die vieles erklären, was früher als Wunder und Übernatürliches gegolten hat. Wir messen, untersuchen, entwickeln und wir können jetzt schon die menschliche Intelligenz komplett kopieren und selbsttätige, selbstständige Maschinenmenschen herstellen.»

«Die dann genauso ignorant sind wie die Menschen im realen Leben», wirft die Dritte ein.

«Nein, weil alle zusammenarbeiten, entwerfen und entwickeln, wird vieles optimiert, und so werden es die besten Menschen überhaupt und ihre Entscheidungen so gut wie unfehlbar sein.»

«Bestimmt ganz toll. Du meinst also, du bist nur deshalb noch hier und bis jetzt nicht geholt worden, weil du zu früh gelebt hast, vor diesen fantastischen technischen Rettungsmöglichkeiten?»

«Sicher. Es wäre zwar auch jetzt schon möglich, mich zu finden, aber offensichtlich sind wir in einer Art Funkloch.»

«Was für ein Pech für dich.» Die Dritte kann ihre Häme nicht zurückhalten.

«Wie schätzt du denn das ein, was du gerade erlebst?», fragt der Eine.

«Als Traum. Der hoffentlich bald endet», sagt der Andere noch und seine Stimme klingt gepresst.

Starke Druckwellen unterbrechen das weitere Gespräch.

## 23.

Die Sonne ist ins Wasser getaucht. Nein, gefallen. Es muss schnell gegangen sein, mit einem explosionsartigen Knall. Dann wird es unheimlich still. Ein großes gelbes, immer greller, fast weiß werdendes Licht breitet sich aus, blendet, von schwarz nach gold wechselnden Gravuren durchzogen. Die Gitter des Graffitis bewegen sich, krümmen und biegen sich von harten Zickzacklinien in konzentrische Kreise mit gleißend hellem Mittelpunkt. Wie nach einer geheimnisvollen Choreographie lösen sich die Kreise wieder auf, fließen in gewellte Linien, die sich in schnellem Rhythmus heben und senken.

Die drei sind erschrocken, verharren ratlos und schweigend.

Langsam, sehr langsam ziehen das Licht und die Unruhe weiter, lassen einen Schleier von aufgewühltem Meeresstaub zurück.

«Wir müssen das manchmal erdulden», flüstert der Eine.

«Aber was ist das?» Die Dritte ist beunruhigt. «Ich bin wie taub.»

«Wir wissen nicht, ob es von Menschen kommt oder einer anderen Macht», antwortet der Eine. «Es schlägt einen in seinen Bann, aggressiv, hat aber auch einen gewissen Zauber. Und wir können nichts dafür oder dagegen tun, wir können es nicht her- und nicht wegwünschen.»

«Womit wir wieder beim Thema wären.» Der Andere hat sich wieder gefasst, gibt sich unbeeindruckt und aufgeklärt. «Natürlich sind das Menschen, die dahinterstecken, die testen garantiert irgendetwas und deshalb könnte man auch etwas dagegen tun, wenn man es denn wollte. Sie sind ja durchaus sinnvoll diese Tests. Und außer uns ist ja wohl niemand da, den es stören könnte.»

«Woher willst du das wissen?», fragt die Dritte.

«Die würden sich doch irgendwie bemerkbar gemacht haben, oder?», fragt der Andere den Einen.

«Hier sind wir allein. Aber das Ganze ist ja weitergezogen, und wer weiß, auf wen oder was es noch trifft und was es andernorts anrichtet. Ich weiß wenig über die Wirkung auf andere Kreaturen und nichts über Entfernungen. Wie ihr seht», er scheint zu lächeln, «hänge ich fest.»

## 24.

Sie ist immer noch nackt. Das Gesicht ihres Gegenübers ist aus Stein. Ich muss ihn erreichen, denkt sie, ihn erweichen, es geht um mein Leben. Sie sagt: *Sicher werde ich, wenn ich einmal an Ihrer Stelle sitzen sollte, auch nicht die freie Entscheidung darüber haben, was zu tun ist, sondern werde einfach etwas ausführen müssen. Aber, wenn ich doch eine Wahl haben sollte und wenn ich mir Sie, meinen Peiniger und Folterer, anschaue, dann möchte ich mir jetzt schon vornehmen, ganz fest, dass ich dann doch lieber wieder meine, ja, meine jetzige Rolle, die des Opfers, übernehme.*

Sie hört nicht, ob er etwas sagt.

Sie müssen etwas mit ihren Augen gemacht haben, sie kann nicht erkennen, ob das dunkle revolverartige Etwas, das der Folterer jetzt gegen sie richtet, tatsächlich ein Revolver ist, oder doch sein Penis.

Irgendetwas in ihr explodiert. Es wird schwarz.

Sie fällt in eine andere Welt.

Vielleicht aber haben sie auch gerade die Stühle gewechselt.

## 25.

«Warum kannst du diese Scheußlichkeiten nicht für dich behalten?», fragt der Andere genervt.

«Weil, wie ich dir schon erklärt habe, das niemand kann», antwortet der Eine stellvertretend für die Dritte.

«Die Erinnerungen kommen ungefragt, sie überfallen uns, wenn du das so sehen willst. Aber sie helfen auch. Manche hier unten müssen sehr lange warten.»

«Oder sie haben nicht so viel im Gepäck», sagt der Andere.

«Wir werden sehen.» Der Eine scheint etwas zu wissen, er klingt sicher. «Für jeden kommt der für ihn bestimmte Augenblick, sagt man bei uns.»

«Obwohl es immer dunkler ist als oben, merken wir auch hier so etwas wie den Wechsel von Tag und Nacht. Aber wir wissen nicht, welches Gestirn, ob Mond oder Sonne, neulich ins Wasser gefallen ist und uns so geblendet hat. Womöglich war es eine Warnung.»

Die Dritte geht nicht auf das Gespräch der beiden Männer ein. «Das Wasser an sich wäre gerade schön in seinen Farbenspielen, in den tausend Nuancen und Strukturen des Lichts. Man möchte singen.»

«Ich wäre gerne wieder weg.» Der Andere will sein Armband befühlen, merkt dabei jedoch zum wiederholten Mal, dass seine Glieder ihm nicht gehorchen.

«Wir sind keine Menschen mehr aus Fleisch und Blut. Wir sind etwas Höheres, und das hier ist wohl ein Vorraum für das Endgültige. Ich weiß nur nicht, wie wir weiterkommen werden. Und wann», sagt der Eine.

Die Dritte bleibt still.

Er wendet sich an den Anderen: «So, wie du dich wehrst, bist du vielleicht noch nicht ganz angekommen. Allerdings, ich will dich aber nicht beunruhigen, beginnst du dich zu verändern. Ich glaube, da ist gerade etwas geplatzt in deinem Gesicht. Du kommst der Sache schon näher.»

«Nein, ich will nicht, die sollen sich beeilen, bevor es zu spät wird.» Den Anderen überfällt Panik.

«Es wird nie zu spät sein. Es kommt nur auf deinen Maßstab an.»

«Das ist doch wohl nicht schwer zu verstehen. Ich will noch lebendig sein, wenn sie mich finden, und ich will weiterleben und ich will meine Freundin wiedersehen und ich will ...»

«Hast du das Gefühl, dass du etwas Besonderes bist, dass ausgerechnet du gefragt werden wirst?» Nach kurzer Pause fügt er hinzu: «Ich denke, Seelenruhe bekommt man erst, wenn man falsche Hoffnungen aufgibt.»

## 26.

Sie rennt von der Schule nach Hause. Das große, mit farbigen Linien und Zahlen beschriebene Zeugnis flattert in der Hand. Sie ist die Klassenbeste und stolz. Sie denkt an die Küsse der Mutter und auch der Großmutter, mit denen sie immer empfangen wird, wenn sie etwas Gutes zu berichten hat. Irgendwann verlangsamen sich ihre Schritte. Das Elternhaus liegt weit von der Schule entfernt und für den Bus reicht das Geld nicht. Dann taucht an einer Straßenecke der Junge auf. Er schiebt sein bunt geschmücktes Fahrrad neben sich her, tätschelt den Sattel, als sei der auf einem edlen Pferd. Sie bleibt stehen und schaut sehnsüchtig auf das Gefährt.

*Na Kleine, willst du eine Runde fahren?*, fragt er und grinst einfältig mit halb geöffnetem Mund. Dunkle Höhle mit gelb gezacktem Eingang. Sie weiß aus der Ferne, wie es darin riecht. Aber sie hat – seit sie denken kann – Mitleid mit ihm, denn ihr Bruder und seine Freunde lachen ihn immer aus, nennen ihn den *Trottel auf Rädern.*

Sie kann der Verführung des Fahrrads nicht widerstehen. *Ja,* sagt sie. *Und was soll es kosten?*, fragt sie noch, als hätte die Mutter ihr souffliert, denn für die gibt es nichts auf der Welt umsonst. Sie hat ein paar Münzen in der Tasche.

*Einen Kuss und einmal deinen Po streicheln,* sagt der Junge nüchtern. Seine Stimme hat überhaupt nichts Lüsternes oder Anzügliches. Er klingt, als sei er Gemüsehändler und nenne ihr den Tomatenpreis.

*Einen Kuss auf die Wange?* Darauf hätte sie sich einlassen können.

*Nein, auf die Lippen.*

*Dann will ich nicht*, sagt sie und rennt davon.

## 27.

«Hast du nur solche Männer getroffen?», fragt der Eine.

«Gibt ja wohl wenig andere. Deine Geschichte mit der Ziegenhirtin war ja ähnlich, oder? Sind doch wohl immer Männer, die Frauen nachstellen», erwidert die Dritte.

«Das kommt auf den Blickwinkel an. Ich habe sie damals geliebt. Und sie mich auch.»

«Ja», sagt die Dritte etwas zögernd, «auch bei mir gab es einen Mann, den ich geliebt habe. Aber das ging ganz plötzlich zu Ende.»

«Warum, hatte er eine andere?»

«Nein, er wurde erschossen. Auf dem Weg zu einem Gastvortrag in Kamerun, aus Versehen, als er eine Kreuzung überquerte. Die Kugel war nicht für ihn bestimmt, was es aber nicht leichter macht. Er war ein Kollege, ein sehr guter.» Die Dritte hält kurz inne. «Obwohl ich nicht dabei war und es mir nur erzählt wurde, habe ich jahrelang immer den Film im Kopf abgespult, alle Bilder dieses Endes. Bis ich irgendwann Angst hatte, dass dadurch alles andere überlagert, ja gelöscht würde, und ich beschloss, mich nur noch an die schönen Zeiten mit ihm zu erinnern. Vielleicht wie ihr hier auch nur Gutes, Leichtes bewahren wollt. Ich werde euch nichts von ihm erzählen und mich hier hoffentlich nicht erinnern. Das habe ich oben reichlich getan.»

«Merkwürdig», sagt der Andere nachdenklich, als ob er gerade von weit her käme, «dass ich keine Sehnsucht nach Frauen habe. Irgendetwas scheint doch bei mir abgestorben zu sein. Sogar diese, eigentlich ganz appetitlichen weiblichen Geschöpfe, die dauernd kichern, machen mich nicht an ...»

«Mit denen könntest du doch ohnehin nichts anfangen, auch wenn es stimmt, dass sie keinen Fischleib haben, aber sicher sind sie kalt und glitschig. Und sie haben bestimmt nicht auf dich gewartet.» Die Dritte klingt unfreundlich.

«Selbst wenn sie einen Nixenschwanz haben sollten, irgendwo müssen sie doch einen Eingang haben. Es gibt doch genügend Geschichten über Liebschaften mit ihnen, oder?», fragt der Andere in Richtung des Einen. Will irgendwie zeigen, dass das ein Thema unter Männern ist und er die Dritte ignorieren kann.

«Das entzieht sich meiner Kenntnis. Ich muss gestehen, dass ich mich auch nie dafür interessiert habe. Meine Frau ...»

«Ja, wir wissen, sie war dein Ein und Alles, wie bei euch Männern doch fast immer – und dann schaut ihr jeder schwingenden Rundung nach, mit den Fantasien, die euch eure Sehnsucht eingibt», unterbricht die Dritte.

«Du musst sehr verbittert sein, dass du so redest. Wahrscheinlich hat dich nach diesem einen Mann nie wieder ein anderer geliebt.» Der Eine klingt wie der Gruppenleiter einer therapeutischen Sitzung, der ein Resümee zieht.

Die Dritte geht darauf nicht ein. «Kannst du», fragt sie zurück, «hier vor den Toren der Ewigkeit schwören, dass du deine Frau nie betrogen hast?»

«Nein, kann ich nicht. Aber ich denke und hoffe, dass sie es nie als *Betrug* empfunden hat. Ein Mann ist ein anderes Tier, das weiß doch jede, und sie wusste das auch.»

«Das ist natürlich eine gute und für dich sehr praktische Erklärung für maskulin. Aber was, wenn die Frau auch einmal will – mit einem Mann, der ihr gefällt, einfach so, ohne eure Ehe und eure Ehre zu gefährden – denn das meinst du doch wohl, wenn du sagst, sie habe das gewusst und akzeptiert. Also, wenn es keine Gefahr darstellt – für dich, dein Ansehen und die Kinder und deren Schutz.»

«Wieso spielst du dich als Richterin auf? Über Dinge, die du nicht verstehen kannst, das könntest du jetzt doch wirklich denen hinter den, wie du es nennst, *Toren der Ewigkeit* überlassen», diesmal will der Andere schlichten. Oder einfach das Thema beenden.

Die drei schweigen. Aus verschiedenen Gründen.

## 28.

Der Mann, der plötzlich in einer Erinnerungsblase auftaucht, ist stattlich, mit glänzender, hoher Stirn, er trägt einen blauen Anzug, helles Hemd, Krawatte und eine Hornbrille. Je mehr er ins Zentrum rückt, umso gewölbter und bedrohlicher wird seine Stirn, auf der man winzige Schweißperlen erkennen kann. Der Hintergrund ist verschwommen, wirkt kalt und scheint ein größeres Büro zu sein.

*Willkommen im Team. Sie kennen sich ja bereits aus und übernehmen erst einmal das Ressort von Herrn Groß.*

*Aber ...* Die Stimme kommt zaghaft aus dem Hintergrund, klingt gebrochen und ängstlich, die Person wird nicht sichtbar.

*Bitte tun Sie, was ich sage. Konferenz ist dann um 15.00 Uhr im dritten Stock, bis dahin erwarte ich Ihr Resümee der Akteneinsicht, heißt die Schlüsse und das Urteil, das Sie daraus ziehen.*

*Aber ...*

*Haben Sie keine Bedenken, legen Sie sofort los, wir haben nicht viel Zeit, und alles Weitere werden wir dann ...*

*Aber ...*

*Um Himmels willen, was ist denn noch? Sie wollen in unserer Kanzlei einsteigen und unser Team verstärken und Ihre Zeugnisse und Referenzen waren ja durchaus überzeugend. Ich muss Sie ja wohl nicht* an der Hand nehmen wie ein Kleinkind, das seinen Papa sucht.

Aber ich möchte ...

Was Sie möchten, interessiert keinen, reißen Sie sich zusammen, Sie geben Ihr Bestes und fangen auf der Stelle an!

## 29.

«Ich fühle mich so unsicher», sagt die Dritte.

«Das ist bei dir ja nichts Neues», sagt der Andere überheblich.

«Wenn das gerade über dich oder von dir war, warst du sicher derjenige in der Rolle des Anfängers und kennst Unsicherheit auch sehr gut und tust nur so, als ob die etwas typisch Weibliches wäre.»

«Sind wir hier eigentlich in einer verdammten Selbsterfahrungsgruppe? Ich hasse diese Psycho-Diskussionen, alles wird zerredet und überbewertet, sie führen zu nichts, und niemand fühlt sich besser danach.» Der Andere hat sich in Rage geredet und es ist ihm dabei gelungen, sich etwas von den beiden anderen zu entfernen. Erst nach einer Weile merkt er, dass die Ursache, wie zuvor schon einmal, eine Strömung war, die ihn auch wieder zurückträgt. Er fühlt sich wie ein Spielball, aber eben nicht willenlos, sondern nur üblen Mächten ausgesetzt, die seinen Willen ignorieren, ihn an eigenen Entscheidungen und Handlungen hindern.

«Ich habe das Gefühl, zu sinken. Es zieht mich nach unten, immer tiefer. Gleichzeitig habe ich das Gefühl, mich auszudehnen, und könnte alles umarmen.» Die Dritte klingt erstaunt.

«Es wird wohl eine alte Erinnerung sein», sagt der Eine. «Oder eine neue Erfahrung, eine, die ich selbst aber noch nicht gemacht habe.»

«Vielleicht kann Herr Allwissend uns doch verraten, wie viel wir hier aushalten müssen. Wie weit geht das, bis sich etwas ändert?», fragt der Andere.

«Wie du gerade gemerkt hast, weiß ich doch auch nichts. Ich bin nur schon länger an diesem Ort», sagt der Eine, «aber solange ich da bin, hat sich nichts Wesentliches geändert.» Dann fügt er hinzu: «Ich bin überzeugt, dass es an jedem von uns liegt, wie es jetzt für uns ist oder wird, also auch an euch. Und du», sagt er zum Anderen, «könntest aufhören, so aggressiv auf alles zu reagieren. Es macht nichts besser, für niemanden.»

Nach dieser Rüge bleibt es erst einmal still.

Irgendwann fragt die Dritte: «Spürt ihr das Wasser? Ich fühle nicht, ob es kalt oder warm ist. Nur ein Gleiten, ein Dahinstreichen über meinen Körper, auch das ist nicht nass, einfach weich ...»

«Ich kann nichts spüren», sagt der Andere zahm. «Ich habe den Eindruck, ohne Weltraumanzug im All gelandet zu sein.»

«Damit kommen wir der Sache vielleicht näher. Womöglich sind wir statt unten ganz oben.» Der Eine wird von heftigem Rauschen und Brausen unterbrochen.

## 30.

Poseidon zieht vorüber.

*Sicher ist die Fähigkeit der Hellsicht und des Vorhersehens nicht jedem gegeben, aber die sehen ja gar nichts, diese Menschen, sie erkennen nichts. Sie machen sich Bilder und glauben daran. Egal, wie weit diese vom Wesen der Dinge entfernt sind. Und wehe, wenn andere sich wiederum ihre eigenen Bilder machen und die womöglich gegensätzlich sind. Dann führen sie Krieg.*

*Nicht, dass sie nichts sehen könnten. Nein. Erst wenn sie keine Augen mehr haben, wie einige von diesen hier, dieser Alasan Jobe zum Beispiel, sind sie fähig zu erkennen. Das dauert allerdings, manchmal bis sehr lange nach dem Tod.*

*Sie können die Augen noch so weit aufreißen, sie sehen es nicht, das Wesentliche. Nur für einen Moment, kurz nach dem Tod. Die Augäpfel drehen sich nach oben, in ihrem Schädel nach innen, da gibt es dann dieses Erkennen, in klarem, sehr hellem Licht, das dann ins gleißende Dunkel führt. Zu Lebzeiten könnten sie das gar nicht ertragen. Die Pupillen richten sich auf das Gehirn, gleiten über die windungsreichen Falten in unbegrenzte Räume, spüren den dort gespeicherten Erinnerungen nach, betrachten sie, sehen alles entfernt und gleichzeitig deutlich, als seien sie selbst mittendrin. Manche lächeln dann.*

*Doch schon kommen andere, die noch leben, und drücken ihnen die Augen zu. Und damit ist es vorüber. Eigentlich sind es bedauernswerte Geschöpfe, auch wenn sie uns so oft enttäuschen, ja ärgern ...*

Das Brausen entfernt sich. Die drei können ihn nicht mehr hören.

## 31.

«Vielleicht können wir ihn ja um etwas bitten, wenn er das nächste Mal vorbeikommt.» Der Andere hat wieder Hoffnung geschöpft.

«Ich glaube, er interessiert sich nicht für uns und unser Schicksal, er beobachtet bloß – und amüsiert sich über uns», meint die Dritte. «Ich glaube, er verachtet uns.»

«Sehe ich auch so», sagt der Eine. «Aber erstaunlich, dass er meinen Namen weiß. Du kannst es ja versuchen», sagt er zum Anderen, «man weiß nie. Aber überleg dir vorher gut, was du dir wünschst.»

«Denkst du, es ist wie bei den Geschichten mit den drei Wünschen? In der Regel gehen die doch immer so aus, dass der Wünschende der Gelackte ist und nie etwas bekommt. Warum hast du es denn nie versucht?»

«Ich war lange hier, bevor er das erste Mal erschien. Und dann habe ich mich erst nicht getraut, und später wusste ich nicht, worum ich bitten sollte, was besser für mich wäre. Ich konnte ja wohl kaum um eine Aufenthaltserlaubnis in einem Land meiner Wahl bitten.» Bei der Vorstellung müssen die drei lachen.

«Wir wissen ja nicht, wie weit seine Macht wirklich reicht», sagt dann die Dritte. «Wenn er auf unsere Welt Einfluss hätte, wüsste ich schon, worum ich ihn bitten würde. Meine Mutter sollte er beschützen und die Freundinnen, die ich zurückgelassen habe, und meine Mitstreiter.»

«Männer? Das ist ja interessant.» Der Andere kann sich diesen Zwischenruf nicht verkneifen.

«Ja, ich hatte ein paar sehr mutige Begleiter, wenn du es genau wissen willst.» Nicht so einen egoistischen Feigling wie dich, denkt sie unwillkürlich dazu und ruft damit sofort Protest hervor.

«Du meinst also mich zu kennen, oder wie?», empört sich der Andere und der Eine spürt einen neuen Streit heraufziehen, den er vermeiden will. Er will gerade anfangen zu beschwichtigen, da bricht etwas über sie herein.

## 32.

Silbriges Sardinengeschlinge wälzt sich heran, wirbelt schwindelerregend schnell durcheinander. Das Wasser wird schwer und undurchdringlich. Die zwei schwebenden Menschengestalten fürchten, zerquetscht zu werden. Der im Fels festhängende Mann droht auseinanderzubrechen.

Tiefschwarze Dunkelheit ist plötzlich über sie hereingebrochen und alle drei fühlen, wie ungeheurer Druck sich auf sie senkt. Hilflos warten sie, dass alles vorübergeht.

Auch wenn sie nicht wissen, ob ihre Körper überhaupt noch Schaden nehmen können, und auch nicht, welche Folgen das dann haben würde, sind sie beunruhigt und voller Angst.

«Sie kommen sonst nicht so tief», sagt der Eine.

«Vielleicht hat sie etwas erschreckt», überlegt die Dritte. «Aber wir wissen doch gar nicht, wie tief wir sind.»

«Auf jeden Fall so tief, dass sie mich nicht finden können», der Andere klingt wieder verzweifelt.

«Also tief gesunken», kommentiert die Dritte, will ihre Beklemmung überwinden, spürt aber gleich, dass ihre Anspielung nicht verstanden wird. Ist ohnehin wohl eher eine Erfahrung, die Frauen machen, denkt sie – und erntet sofort heftigen Widerspruch.

«Glaubst du. Ist aber ein Irrtum», sagt der Andere.

Der Druck von oben lässt langsam nach und es wird auch stufenweise wieder heller. Dann ist der Spuk vorüber und der Andere fährt, durch den Schrecken etwas milder gestimmt, fort. «Als ob wir nicht auch tief sinken könnten, und das kann manchmal ganz schnell gehen, im Beruf und auch sonst, einfach den Wettbewerb verlieren, und jeder entzieht dir umgehend die Anerkennung, sogar enge Freunde, das passiert oft genug ...»

«Ich habe die moralische Abwertung gemeint, die Verachtung, die dir von vornherein entgegenschlägt, noch bevor du irgendetwas gesagt oder getan hast, einfach, weil du anders bist. Und die du dann irgendwann übernimmst», erklärt die Dritte. «Hast du mal was von Frantz Fanon gehört?»

«Sagt mir jetzt nichts», meint der Andere.

«Er hat genau darüber geschrieben und über die Abwertung, die du zum Beispiel nur aufgrund deiner Hautfarbe erfährst ...»

«Davon habe ich auch gehört, das ist wohl in vielen anderen Ländern so, vor allem, wenn die Weißen in der Mehrheit sind, dagegen können wir nichts tun», wirft der Eine ein. «Bei uns werden Weiße doch eher mit Respekt behandelt, oder?» Er wendet sich an die Dritte.

«Das ist aber eher historisch begründet, und liegt nicht daran, dass wir sie achten oder sie besser wären als wir. Sie hatten von Anfang an die stärkeren Waffen, und damit konnten sie sich Macht und Ansehen erzwingen. Das ist eine lange Geschichte.» Die Dritte klingt sehr müde.

«Das Schlimmste ist, in Würdelosigkeit zu versinken. Aber vielleicht hat man gerade da, auch wenn es oft aussichtslos erscheint, doch Einfluss darauf, hat es in der Hand, wie weit man die Verletzung zulässt. Hab ich dir ja schon erzählt», sagt er zum Anderen. Und zur Dritten: «Es ging um den Vater meines Großvaters, den sie versucht haben zu zerstören ...»

«Es gibt Demütigungen, die kann man nicht mehr heilen. Vor allem, wenn du vorher nie Gelegenheit bekommen hast, deinen Rücken zu stärken. Und das muss zu Beginn jemand anderes machen, deine Mutter, der Vater, irgendwer. Und das haben wir leider nicht in der Hand, ob es so jemanden gibt. Man schafft das nicht aus eigener Kraft. Ich hatte glücklicherweise meine Mutter. Und trotzdem ...»

Die beiden anderen reden jetzt gleichzeitig.

«Und in deiner Vorstellung haben Männer immer jemanden, der sie aufbaut», sagt der Andere aufgebracht, und der Eine fügt hinzu: «Manchmal sind die, die außen stehen, die Retter der Würde, wenn sie beobachten und es dann weitererzählen.»

«Erst zu dir», sagt die Dritte zum Anderen. «Natürlich haben auch Männer nicht immer jemanden, der ihnen rechtzeitig den Rücken stärkt. Leider. Aber oft ist es doch so, dass sie dann ein Ventil suchen, eher selbst gewalttätig werden und kämpfen. Vor allem gegen noch Schwächere, und das sind leider sehr oft Frauen und Kinder. Darüber schreibt auch Fanon leider kaum etwas.» Zum Einen sagt sie: «Was hilft mir das, wenn jemand zuschaut und später von meinem Leid und meiner Demütigung erzählt und andere es erfahren? Wenn mir niemand sofort beisteht? Weil er nicht kann oder weil es ihn nicht interessiert.»

«Jetzt soll es dann doch wieder ein ER sein, der dich rettet und dir beisteht? Interessant», sagt der Andere bissig.

«Ja, weil Männer meistens auch die Täter sind. Aber ich hätte auch nichts gegen eine Retterin, wenn man sie denn lassen würde.»

«Es ist wirklich vertrackt», sagt der Eine, «ob Männer oder Frauen, wir können uns so schwer verweigern. Wenn jemand die Macht über uns hat, werden wir doch immer wieder zum Werkzeug und machen womöglich etwas, das wir verabscheuen. Vor allem, wenn die andere Seite Waffen hat. Bei uns kamen solche Konflikte ins Dorf, als auf einmal irgendwelche reichen Fanatiker auftauchten. Keiner wusste, woher die kamen. Aber sie haben sehr aggressiv alles an sich gerissen, wollten angeblich den Wohlstand fördern und haben alle bedroht, die ihren Kandidaten nicht zum Bürgermeister wählen wollten ...»

«Habt ihr euch widersetzen können?», fragt die Dritte.

«Nur knapp. Und leider auch nur mit Gewalt. Der reiche Imam, der am meisten Druck ausgeübt hatte und sein ‹Kandidat›, man hat gemunkelt, dass es sein Bruder sei, wurden umgebracht. Und dann zog der größte

Teil seiner Gefolgschaft davon, verschwand über Nacht. Die anderen, also die, die blieben, haben gekuscht, sind nie wieder als Gruppe aufgetreten und haben sich unauffällig wieder ins Dorfleben eingegliedert.»

«Und wer hat die Typen umgebracht?»

«Ich weiß es nicht, und es wurde auch nicht aufgeklärt. Vielleicht war es sogar einer aus den eigenen Reihen. Vielleicht ein Machtkampf, vielleicht einfach jemand, dem das Ganze dann doch zu weit ging. Uns im Dorf hat es gerettet. Denke ich wenigstens. Vielleicht hatte deshalb auch niemand großes Interesse an einer Lösung des Falls. Wir hatten ohnehin ja genügend andere Probleme, um die wir uns kümmern mussten.»

«Ja, ich weiß, Fischfang und fremde Fangflotten», ergänzt der Andere.

«Trotzdem, bei allem, was dir auch passiert, bleibt dir als Opfer ganz innen immer etwas, das nur dir gehört. Das habe ich in meinem Leben gespürt», sagt der Eine.

«Und, hat es dir was geholfen? Du bist genauso hier unten gelandet wie wir, mit deiner so wunderbar abgeklärten Einstellung.» Der Andere verliert die Geduld.

«Ich denke, es gibt sicher Schlimmeres. Über kurz oder lang ist unser aller Leben da oben zu Ende – wer weiß, was noch gekommen wäre ...»

«Bei mir sicher noch Schönes! Verdammt, ich will wieder zurück», entgegnet der Andere.

Die Dritte schweigt.

## 33.

Sie schaut – nein, sie spürt um sich. Sie hat das Gefühl, dass ihre Wahrnehmung sich weitet.

Sind wir am Verwesen? Verwesen kann doch nur, wer gewesen ist. Bin ich gewesen? Haben andere mich eigentlich wahrgenommen? Nicht nur meine Mutter oder die Menschen, die mich geliebt und bewundert haben, die vielleicht auch Ähnlichkeit mit mir hatten? Heißt das, was wir hier durchmachen, einfach Metamorphose, ein Ändern des Aggregatzustands? Wir vergehen ja offensichtlich nicht ganz. Wohl auch dann nicht, wenn wir so lange da sind wie der Eine da. Seit ich hier bin, hat er sich nicht verändert und der Andere da auch nicht. Es gelten wohl eigene Regeln.

Es wirkt auf einmal wie ohne Farbe alles – können wir vielleicht keine Farben mehr sehen?, denkt sie. Wie durch graues Rauchglas. Darin konserviert unsere merkwürdige Gemeinschaft – sind wir überhaupt eine, oder nur ein zusammengeschwemmtes, abgetriebenes Häuflein Elender? Warum sind ausgerechnet wir drei an dieser Stelle aufeinander getroffen, welcher Wille, oder ist es Willkür, hat uns zusammengeführt? Kann ich mich von hier auch wieder wegtragen, wegtreiben lassen, einfach weiterziehen?

Ich habe mich aus den Augen verloren, kann mich nicht mehr sehen, meinen Körper nicht mehr erinnern. Alles wird trüb und undurchsichtig. Bin ich Akusmatikerin, wie die Schüler des Pythagoras, die ihren Lehrer nicht sehen, aber dafür womöglich umso besser hören konnten? Sind meine Kleider noch da oder bin ich mittlerweile nackt? Aber dann hätten die beiden bestimmt schon eine Bemerkung gemacht. Denn wenn ich sie immer wieder einmal mehr oder weniger erkennbar sehen kann, können sie das umgekehrt sicher auch. Verschwommen und verzerrt wie alles hier.

Es kitzelt, zupft, ja zerrupft mich, irgendeine Strömung, etwas, das in mich hineinfahren will, das mich treibt, voran, hinauf, vielleicht an die Oberfläche? Ich schwebe, bleibe aber am Ort. Manchmal möchte ich mich erinnern, nachhelfen, dass in mir Bilder auftauchen, von ganz früher, als Kind. Als meine Mutter noch da war, mein Schutz.

Ich war immer ängstlich, so voller Angst, dass ich, um Unheil abzuwenden und um nicht abzustürzen, immer heiter und lachend, ja ausgesprochen mutig auftrat. Dabei wollte ich mich in Wirklichkeit klein und unscheinbar machen, damit ich keine Angriffsfläche bieten würde, für niemanden. Nicht für Götter und nicht für Menschen. Meine Mutter hat wohl etwas geahnt, sie versuchte immer in meiner Nähe zu sein und wollte alles Schädliche von mir abhalten. Auch wenn ihre Freundinnen sie manchmal ausgelacht haben deswegen. Sie dachten, ich würde dann verweichlicht und nicht widerstandsfähig. Vielleicht haben sie ja recht behalten. Oder aber, und das glaube ich eher, ich hätte ohne diesen schützenden Umhang von ihr gar nicht so viel durchstehen können. Meine Mutter war eine einfache Frau, aber das Wesentliche hat sie gewusst oder gefühlt.

Sie war immer so stolz auf mich. Ach, ihre Haut und ihr Geruch. Alles so nah auf einmal. Mutter, bist du hier? Du hast mich nie im Stich gelassen. Deine Freude, als ich den Doktorhut aufhatte. Du hast nichts verstanden von all den Reden, und die Feierlichkeiten waren dir zu steif. Nur, dass ich es geschafft hatte, Frau Doktor war, das hat dich vor Glück fast platzen lassen.

Und später, als wir nach Hause kamen, hast du alle Nachbarinnen und Nachbarn zu uns eingeladen und ihr habt die ganze Nacht gesungen und getanzt. Deine Freudentränen werde ich nie vergessen. Wie gerne hättest du alles dem Vater gezeigt, aber der war ja weg und lebte vielleicht gar nicht mehr. Und du, wo bist du jetzt? Auch an diesem Ort? Dann sollte ich los, dich suchen. Aber wie sollst du denn unter Wasser gekommen sein, du hast das Meer doch nie gesehen.

Mir ist so schlecht. Vielleicht bekomme ich meine Tage. Das passt jetzt aber gar nicht. Jaja, meine Herren, ich bin unpässlich. Ich könnte mich totlachen.

## 34.

Die beiden anderen haben anfangs mitgehört, aber dann findet vor allem der Andere die Gedanken der Dritten zu verschieden und fremd von den eigenen Erfahrungen, dass er lieber mit dem Einen ein Gespräch beginnt. «Erzähl doch endlich, hast du schon einmal gesehen, wie jemand wieder geholt wurde?» Der Andere wird immer ungeduldiger.

«Ja, schon mehrmals», antwortet der Eine gedehnt, ahnt schon, worauf der Andere hinauswill. «Aber die waren immer nur kurz vorbeigeschwommen. Noch bevor sie mich sehen oder mit mir sprechen konnten, waren sie wieder weg.»

Der Andere erschrickt, fragt schnell weiter. «Und wie ist das gegangen? Lass dir doch nicht alles aus der Nase ziehen.»

«Ein schönes Bild, wo ich so etwas offensichtlich nicht mehr habe. Also einmal, daran erinnere ich mich genauer, kamen Gestalten von oben. Wie Froschmänner. Drei oder vier. Sie wickelten eine Art Seil oder Band um einen, der noch schwebte, nicht weit über uns, sogar ziemlich nah, deshalb konnte ich alles etwas genauer sehen. Es ging sehr schnell. Mich beachteten sie nicht. Ich sah nur, wie sich die Gestalten mit ihrer Beute nach oben entfernten, wie in einer wirbeligen Wasserhose, aber eben unter Wasser. Sie kamen nicht mehr wieder. Der, den sie mitgenommen haben, natürlich auch nicht.»

«Haben sie denn gar nichts gesagt? Etwas, woraus du vielleicht schließen konntest, wer sie waren, woher sie kamen? Woher sie wussten ...?»

«Nein. Sie sprachen nicht. Sie hatten ja diese Tauchmasken mit Glas vor dem Gesicht und sahen auch am Körper aus wie gepanzert. Und alles ging sehr schnell. Es liegt schon eine ganze Weile zurück. Ich frage mich, warum du dich so daran klammerst, dass jemand dich suchen kommt. Wir waren oben vielleicht einfach zu viele, es fällt nicht weiter auf, wenn einer fehlt. Denkst du, du bist unersetzbar, da, wo du herkommst?»

«Natürlich», braust der Andere auf. «Jeder Mensch ist unersetzbar.»

«Zumindest denke ich das», fügt er nach kurzem Schweigen leiser hinzu. «Meine Freundin liebe ich und sie wird mich vermissen. Und andere doch auch. Es kann doch nicht sein, dass ich so schnell vergessen werde, dann wäre ja alles umsonst gewesen ...»

«*Vergessen werden* ist bestimmt nicht die einzige Ursache, dass uns niemand sucht, sie wissen vielleicht nur nicht, wie und wo sie suchen sollen, aber erinnern tun sich mit Sicherheit oben viele an uns.»

«Was macht eigentlich unsere Dritte? Ich merke nichts mehr von ihr.»

«Sie ist gerade etwas abgedriftet. Aber keine Sorge, sie kommt wieder zurück.»

## 35.

Eine Gruppe von Jungen und Mädchen drängt sich in und zwischen den Sitzreihen in einem Bus. Es sind wohl Schüler und Schülerinnen, schon etwas älter, eine der oberen Klassen. Sie lachen viel, reden durcheinander, reichen sich Süßigkeiten und Chips, zeigen sich ihre neuesten Handys, andere machen Fotos. Einige haben Kopfhörer auf und hören Musik.

Ein Reiseleiter, vielleicht der Lehrer, steht vorne neben dem Busfahrer, nimmt das Mikrofon, kündigt die baldige Ankunft an und fordert die Jugendlichen auf, alles aufzuräumen und wegzupacken und sich zum Aussteigen bereit zu machen. Es regnet in Strömen, und viele, aber nicht alle, haben Gummistiefel dabei. Die meisten, alle modisch gekleidet, tragen Sportschuhe und leichtes Gepäck. Gerade als sich die Türen mit einem schmatzenden Geräusch öffnen, werden die Regengüsse heftiger und stürmischer Wind peitscht in den Bus. Die Jugendlichen weichen erst einmal zurück. Dann hüpft als Erster ein blonder, schlaksiger Junge mit kurzen Haaren ins Freie, er trägt blaue Gummistiefel und läuft sofort durch die Rinnsale und Pfützen auf dem Parkplatz. Er scheint begeistert, tänzelt und wiegt sich in den Hüften, genießt das Wasser auf seinem Gesicht. Er stampft und lacht.

Die anderen sind mittlerweile auch ausgestiegen, haben einen Halbkreis um ihn gebildet, klatschen und feuern ihn an. Niemand weiß, dass es nicht seine Stiefel sind, mit denen er so ausgelassen in die Pfützen springt. Ein Mädchen, dessen Gummistiefel noch kurz zuvor an seinem Rucksack hingen, bleibt im Bus, sucht verzweifelt im Gepäcknetz, zwischen und unter den Sitzen und glaubt, sie verloren zu haben.

## 36

«War das gerade von dir? Warst du das mit den Gummistiefeln? Wie schäbig. Genau unter solchen leiden wir doch alle, unter denen, die dauernd versuchen, sich auf Kosten anderer durchzuschlagen, um sich Vorteile zu verschaffen oder einfach gut dazustehen ...» Die Dritte ist empört.

«Wir sind keine Richter», mahnt der Eine.

«Aber bei uns sagt man: *Siehst du Unrecht und Böses und sprichst nicht dagegen, dann wirst du sein Opfer*», beharrt sie. «Erst wenn wir alle laut schreien und etwas Falsches anprangern, können wir hoffen, dass sich etwas ändert, oder?»

«Aber er war doch noch sehr jung.»

«Gerade deshalb. Wenn er da schon anfängt, sich alles zu nehmen, was er braucht, immer auf Kosten anderer natürlich, und sich dabei als Sieger zu fühlen, wer soll ihm dann später noch Respekt vor anderen beibringen. Und das gerade war doch nur im Kleinen, was beständig auf der Welt geschieht – unter den Augen aller. Und weil viele denken wie du, bleibt es danach erschreckend leise, mehr als kurze bedauernde Kommentare ruft das meist nicht hervor. Im besten Fall erscheint ein empörter Beitrag in den Medien, der aber folgenlos bleibt. Es ist einfach nicht zu fassen, immer und immer wieder das Gleiche.»

«Bei uns wiederum sagt man: *In Wut geraten heißt*

*stolz sein. Wenn du aber von Stolz erfüllt bist, dann hast du keinen Raum für Weisheit.*» Der Eine will besänftigen.

«Vielleicht ist mir Weisheit nicht wichtig, solange ich anderes, wie Gerechtigkeit, vermisse. Solange ich als Frau darum kämpfen muss, das behalten zu können und das zu tun, was mir zusteht und was ich für richtig halte. Wie soll ich gelassen sein, wenn das Grundsätzliche nicht stimmt, wenn ich mich ständig gegen Unrecht zur Wehr setzen muss?»

«Aber Unrecht kennen wir doch alle und wir ...», entgegnet kurz der Eine, wird aber unterbrochen.

«Merkt ihr nicht, dass ihr euch über eine absolute Nichtigkeit streitet. Diese kleine Episode liegt doch unendlich weit zurück», versucht der Andere einzulenken. «Ich dachte schon, ich könnte sie gar nicht mehr erinnern – und ich würde so etwas heute nicht mehr tun ...»

«Hast du dich damals bei dem Mädchen entschuldigt?» Die Dritte lässt nicht locker.

«Ich weiß es nicht mehr, ich glaube nicht. Sie hat ja gedacht, sie hätte ihre Stiefel vergessen oder verloren, irgendwie ist sie wohl auch ohne gut durchgekommen, es gab also auch keinen Anlass. – Ja, das war *damals,* reg dich nur nicht gleich wieder auf. Habe ich doch schon gesagt, heute würde ich so etwas mit Sicherheit nicht mehr machen.»

Die Dritte schweigt, denkt aber weiter. Ja, das Übliche, nur nichts kritisieren, nicht einmal diese Kleinigkeiten, die doch der Anfang sind. Sind eigentlich immer Frauen die Opfer? Oder anders gefragt, müssen wir immer die Opfer sein?

«Ja, ich weiß, Täterin ist keine Alternative», ruft sie so laut, dass es fast tost, in das Schweigen der anderen, «das wäre wirklich nicht die Lösung – und ja, wir kennen viele Beispiele von gewalttätigen Frauen. Woher sollen wir denn Frieden kennen? Manchmal denke ich, es gibt keinen Ausweg. Die Hölle machen wir uns gegenseitig.»

«Genau, und zwar beide Seiten, sowohl Männer wie Frauen, wie du gerade selbst gesagt hast. Dem ist nichts hinzuzufügen.» Der Andere klingt nicht einmal hämisch.

«Und doch glaube ich, oder hoffe, dass wir den Kreis einmal durchbrechen können», meint der Eine. «So wie ich vorhin schon gesagt habe, ich kann das nur nicht so gut erklären.»

«Denkst du, es gibt Menschen, die aus sich heraus, ohne dass man sie zwingt, einfach *böse* sind?», fragt der Andere. «Das ist doch die Frage.»

«Auf jeden Fall!», die Dritte brüllt fast. «Wie ich das kenne! Es gibt Menschen, die sich nichts und niemandem gegenüber verantwortlich fühlen. Und wir sehen sie doch ständig, wenn wir nur die Augen aufmachen. Und Beweggründe dafür, andere zu missachten und zu quälen, gibt es doch genug, sich bereichern, an die Macht kommen oder an der Macht bleiben wollen ...»

«Gibt aber auch dafür Erklärungen, oder?»

«Jaja, ich weiß, frühe Kindheit, Umfeld, also Peer

Group und diese ganzen psychologischen und soziologischen Erklärungen ... Doch den Opfern hilft das leider überhaupt nicht», entgegnet die Dritte.

«Aber sobald die Macht dessen aufhört, der selbst quält und zerstört und andere, also uns, zwingt, das auch zu tun, könnten wir doch wieder das Richtige tun und uns bei denen, die Leid durch uns erdulden mussten, zumindest entschuldigen ...», meint der Eine.

«Und du meinst, dass den Opfern mit einer Entschuldigung schon geholfen wäre?», fragt der Andere.

«Ja», antworten der Eine und die Dritte gleichzeitig. «Wäre zumindest ein Anfang», fügt sie noch hinzu. «Auf jeden Fall müssten dann aber ein Umdenken und auch ein geändertes Handeln folgen, damit es nicht nur leeres Geplapper bleibt.»

## 37.

«Weißt du noch, was du früher einmal warst, oder noch bist, wenn du wieder zurückkommst?», fragt der Andere.

«Ich war Soziologin.»

«Ah, daher.»

«Was *daher?*»

«Daher dieses ständige Betrachten, Analysieren und diese Theorien über gesellschaftliche Fragen und die Stellung der Frau.» Jetzt klingt der Andere doch wieder ein wenig abschätzig.

«Du denkst natürlich, als Rechtsanwalt weißt du über alles bestens Bescheid – und stehst über allem. Dass du sehr privilegiert bist, ist dir wohl noch gar nicht aufgefallen. Du bist bestimmt weiß und hattest und hast so viel Geld, dass du dir nie Gedanken darum machen musstest. Du musstest dir nie Fragen stellen, alles war ja wohl zu deinen Gunsten.

Ich habe viele Jahre gebraucht, um Erklärungen zu finden für das, was ich um mich herum gesehen habe, nicht nur in Afrika, sondern überall, wo ich war, und die Zusammenhänge zu verstehen. Aber jetzt kann ich mich äußern und vieles benennen. Uns Frauen bleibt doch erst einmal nichts anderes, als unsere Welt, unsere Situation sichtbar zu machen, und zu hoffen, dass wir dann von diesem Aussichtspunkt aus, aus einer gewissen Entfernung, von oben oder so wie jetzt von ganz unten, gemeinsam mit euch alles betrachten, besprechen und vielleicht neue Lösungen finden können.»

«Wir können hier doch nichts anderes mehr tun als reden – und erinnern.» Der Eine, der lange geschwiegen, aber offensichtlich genau zugehört hat, mischt sich jetzt wieder ein. «Bei uns waren die Aufgaben geteilt, und irgendwie war alles klar – oder schien so. Ich war Fischer. Und ich habe in meinem Leben nicht so über Dinge sprechen können wie jetzt. Ich habe Fische gefangen, meine Frau hatte andere Aufgaben, sie hat in der Räucherei gearbeitet und manchmal ihrer Freundin und auch meiner Schwester beim Austernernten geholfen. Und sich natürlich um die Kinder gekümmert. Weder sie noch ich haben dabei etwas infrage gestellt. Das war nicht nur bei uns so, sondern in allen Orten, die wir kannten. Die Probleme kamen ja von woanders her, wie diese Fundamentalisten, von denen ich euch vorhin erzählt habe, die alles an sich reißen wollten, oder die riesigen Fabrikschiffe aus Europa und China, die uns alles weggefischt haben. Wir waren gezwungen, mit unseren kleinen Booten immer weiter hinauszufahren, und hatten letztendlich doch keine Chance.

Das, was im Fernsehen gezeigt wurde, war eine andere Welt, erschien fremd und nicht für uns gültig. Hat aber viele angesprochen und abgelenkt. In der Stadt bestimmt noch mehr. Wir hatten unsere eigenen überschaubaren Themen: Fischfang, Überleben und unsere Verteidigung. Aber das kam in den Sendungen nicht vor. Oder nur als allgemeines Thema, wie zum Beispiel die Änderung des Klimas.

Bestimmt hatte das auch Einfluss auf unsere Schwierigkeiten, aber meiner Meinung nach waren es in erster Linie die großen Fabrikschiffe, die uns alles wegfingen.»

«Es ist wohl das immer gleiche Schema», mischt sich die Dritte ein, «wer Macht und Geld hat, nimmt sich alles.»

Auch wenn oft Männer die Drahtzieher sind, denkt sie weiter, die Opfer sind in diesem Fall alle, Männer Frauen und Kinder.

«Ja», sagt der Eine nachdenklich, «und alles, was an Gegenmaßnahmen ergriffen wird, bleibt für uns so undurchsichtig. Zuerst haben sie uns erzählt, dass wir selbst schuld an unserer Misere wären, weil wir, das heißt unsere Frauen, die Austern falsch ernten würden. Jetzt wissen wir das auch, dass Mangroven sterben, wenn man beim Ernten der Muscheln mit der Machete Wurzeln und Seitenarme abschlägt, aber daran sind im Vergleich doch nur wenige Bäume eingegangen. Viel größer ist doch die Katastrophe durch das massenhafte Abholzen, um Platz für Strände und Ferienhotels zu schaffen, und damit haben wir wirklich nichts zu tun. Aber das will niemand sehen, und vor allem nichts dagegen tun.»

«Wen meinst du denn mit *sie?*», fragt der Andere.

«Erst einmal unsere Regierung in Gambia und dann diese vielen großen Organisationen, deren Namen und Abkürzungen ich mir nicht merken kann, die aber über uns bestimmen wollen und dazu angeblich alles genau untersuchen müssen. Dass durch die fehlenden Mangroven für viele Fische kein Platz mehr zum Ablaichen da ist, wissen wir schon selbst, aber wir können doch nichts dagegen tun, dass es immer mehr geldgierige Menschen gibt. Vielleicht ist es nur gut, dass ich jetzt hier bin und damit nichts mehr zu tun habe.»

Nach einer kurzen Pause fährt er fort. «Ach ja, sie haben uns allen Ernstes vorgeschlagen, statt mit unseren Kanus mit neuen, motorisierten Booten *modernen* Fischfang zu betreiben − und denken wohl, das sei ein guter Beitrag zum Klimaschutz. Sie merken wohl erst dann, dass etwas schiefläuft, wenn auch in den Flüssen die Fische verschwinden.» Der Eine wirkt niedergeschlagen.

«Habe ich richtig gehört, dass du aus Gambia bist?», fragt die Dritte, die wieder zu einem anderen Thema zurückkehren will, aber der Eine ist noch in seinen Gedanken.

«Manchmal frage ich mich, was die Fische über mich denken, wenn sie mich hier liegen sehen ...»

«Sie erkennen dich nicht», sagt die Dritte. «Nein, nicht, weil du dich so verändert hast», fügt sie schnell hinzu, «sondern weil die, die du gefangen hast, ja nicht hier sind.»

«Manche vielleicht schon, wir haben die zu kleinen wieder zurück ins Wasser geworfen, damit sie noch wachsen.»

«Eben, die sind dann doch nur dankbar. Sie kennen den Grund für ihre Rettung ja nicht.»

«Vielleicht ahnen sie etwas. Wir wissen ja nicht, was Fische alles spüren.»

«Natürlich nehmen sie uns Menschen als Bedrohung wahr. Sonst würden sie ja nicht wegschwimmen, sobald einer von uns auftaucht. Aber selbst wenn du für sie ein persönlicher Feind sein solltest, was könnten sie dir denn schon tun?» Jetzt ist es der Andere, der beruhigen will.

«Sie könnten ständig in Schwärmen nah vorbeiziehen und mich bedrängen.»

«Sie könnten dich fressen – aus Rache.» Der Andere und die Dritte lachen, und der Eine lacht nach einer Weile mit.

«Hast du ein schlechtes Gewissen?», fragt der Andere nach einer Weile. «Musst du nicht. Ich werde dich verteidigen, ich bin dein Rechtsanwalt. *Wir müssen essen, um zu überleben,* werde ich in meinem Plädoyer sagen. *Und ihr seid da, um gefressen zu werden, entweder von größeren Fischen, von Möwen, Katzen oder eben von uns. Außerdem könnt ihr froh sein, wenn ihr nicht von einer schwimmenden Fischfabrik, sondern von dem hier gefangen werdet, er wird nämlich auf eure Würde achten.»*

Der Andere und die Dritte lachen.

«Danke», sagt der Eine.

# 38.

«Denkt ihr nicht, es ist an der Zeit, dass wir uns mit Namen ansprechen? Es wäre einfach schöner – wo wir vielleicht doch länger zusammenbleiben ... Wisst ihr noch, wie ihr oben auf der Welt heißt?» Die Dritte wartet.

«Er hat gesagt, er war *Ala irgendwas* früher», sagt der Andere.

«Ich war *Alasan Jobe*», korrigiert der Eine geduldig. «Mit Betonung auf dem e.»

«Und ich bin Arno, na ja, eigentlich Arnold, aber keiner nennt mich so.»

«Und ich war, ja ich bin sicher *war* und werde es nicht mehr sein auf der Erde, ich war Amma.»

«Bedeutet das etwas?», fragt Alasan Jobe.

«Ja, ‹am Samstag geboren›. Wir gehören zu den Fante in Ghana. Meine Mutter betrachtete mich als Glückskind und hat alle ihre Hoffnung in mich gesetzt.» Die Dritte, die jetzt Amma heißt, klingt traurig.

«Vielleicht sind wir hier nach dem Alphabet geordnet, wie auf der Ausländerbehörde, wir wären dann die Sektion A», sagt Arno nach einer kurzen Pause.

«Glaube ich nicht. Wir sind zu wenige, es liegt sicher keine Gruppe mit den Anfangsbuchstaben B oder C in der Nähe herum, und außerdem geht es auf Ämtern nie nach Vornamen ...», sagt Amma.

«Aber das ist ja auch nicht wichtig. Wir sind jetzt hier zusammengetroffen, und das zählt.»

«Das klingt ja fast nach Meeting, aber da geht man doch freiwillig hin, wir haben uns wahrlich nicht als Partner ausgesucht», wirft Arno ein. Amma entgegnet: «Das ändert doch nichts, wir werden zusammenbleiben, wie ich die Sache sehe, wenn wir auch nicht wissen, wie lange. Ich finde es schön, dass wir jetzt Namen haben. Alasan Jobe gefällt mir.»

«Freut mich, gibt es den Namen bei euch auch?»

«Ich weiß nicht, ich kenne niemanden, der so heißt.»

Arno kann den beiden nicht mehr folgen, weil neue Geräusche ihn ablenken.

«Früher habe ich es, wenn ich unter Wasser war, immer geliebt, dass alles plötzlich still und geräuschlos war, wie wenn man plötzlich taub geworden wäre, die Welt war weit weg», sagt er. «Aber für hier trifft das gar nicht zu. Es können doch nicht nur unsere Gedanken und Gespräche sein, die so laut sind.»

Immer stärker werdender dumpfer Lärm kommt näher, Stöße wie Schläge, dann wie Getrappel von Tausenden von Hufen, hart und rhythmisch. Es gibt keinen Aufprall von Wellen, obwohl die drei das fast erwarten, nur diese Stöße und dann den Sog.

Alle drei sind still. Sie haben das Gefühl, sehr tief unten zu sein, spüren alles von weit über sich herankommen.

## 39.

Poseidon zieht mit mächtigem Rauschen vorüber.

*Wenn sie doch aufhören könnten. Mit meinen zehn Söhnen hatte ich schon Strafe genug. Wie sorgfältig war ihre Erziehung, wie genau waren die Anweisungen, die sie erhalten haben, wie groß war die Hoffnung, die ich in sie gesetzt habe. Alles umsonst. Alle haben versagt, waren als Herrscher eitel und haben ihre Götter vergessen. Diese hier sind genauso wenig wert. Und die an Land erst recht. Diese Überheblichkeit Einzelner und die Gleichgültigkeit anderer. Dabei reden sie immer von Menschlichkeit, als ob das etwas besonders Gutes wäre und über dem Tierischen und Göttlichen stünde. In der Regel verurteilen diejenigen, die denken, sie seien Richter, mit den Lippen das schändliche und schädliche Verhalten anderer, aber genießen dabei genau die Vorteile, die sich aus deren Verbrechen ergeben. Es scheint ja sehr praktisch zu sein, dass manche Menschen keinerlei Rechte haben, das kennen wir auch unter uns Göttern. Man kann diesen dann alles aufbürden, was man selbst nicht tragen möchte. Das ist so alt wie unsere Geschichte. Und NIEMAND hat es bisher geschafft, etwas daran zu ändern. Nicht einmal unser Philanthrop, der ohnehin reichlich spät war mit seinen Ideen und dann auch noch gedacht hat, er könnte auf der Welt etwas bewirken.*

*Es wird immer so weitergehen. Es wird auch immer*

*diese Gruppen geben, die es schaffen, das ihnen angetane Unrecht laut anzuprangern und in großen Kreisen kundzutun, für alle Ewigkeit die Erinnerung daran wachhalten wollen und dazu Gedächtnistage einfordern. Dabei ertönen dann die ebenso lauten Lippenbekenntnisse der Täter, die wieder zu ihrer «Menschlichkeit» aufrufen und sich vielleicht noch reumütig auf die Brust schlagen. Das war es dann auch schon. Es kann getrost wieder dem Vergessen anheimgegeben werden.*

*Andere werden in ihrem Leid gar nicht bemerkt. Sie gehen leise, fast lautlos unter, wie viele von diesen hier. Über die redet dann keiner.*

*Manchmal erreichen uns Gebete. Ein anderes Mal Gelächter und auch fluchendes Geheule.*

*Weisheit, Milde, Tugend sind gute Vorsätze, aber nur für einige wenige und meist nur für kurze Zeit. Dann zählen sie nicht mehr – und die Ehrung von übergeordneten Wesen, die Anerkennung einer Macht, die über der ihren liegt, verweigern sie. Mein Atlantis ist untergegangen und die Menschen haben nichts begriffen, lassen sich immer wieder blenden, belügen und verführen. Oben auf der festen Welt genauso wie hier.*

*Wir sollten eine Götterversammlung einberufen.*

*Und die Herrscher der Menschen sollten sich ebenfalls beratschlagen. Wir sollten sie vielleicht zwingen, sich zu ihren Sicherheitskonferenzen in Gebieten zu treffen, wo Krieg wütet und es kracht und stinkt und sie selbst in Lebensgefahr und Todesangst stecken. Oder in Gebieten, wo Hunger oder Dürre herrschen ... Wie schnell würden sie bessere Entscheidungen treffen. Oder aber in einem Gebiet mit starken Überschwemmungen, diesen Part würde ich mit Vergnügen übernehmen. Dann würde ihnen das allerhöchste Gipfeltreffen nichts nützen.*

*Nun gut, wir dürfen nicht Partei ergreifen, wollen das auch nicht. Sollen die doch selbst schauen, wie sie das alles wieder in Ordnung bringen, ihre Zerstörungen und Kriege und ihre Seuchen. Womöglich schaffen sie es ganz alleine, sich auszurotten.*

*Sie haben alles verdient.*

# 40.

«Meine Güte, ist der wütend. Ich habe das Gefühl, er hat uns jetzt mehrmals umkreist, ihr auch?»

Amma und Alasan Jobe sagen fast gleichzeitig: «Ja, war eine lange Predigt und schallte wie von überall.»

«Hat vielleicht einen omnidirektionalen Lautsprecher, so nennt man das bei uns», fügt Arno erklärend hinzu, «also etwas mit Rundum-Sound. Ein Freund von mir hat so etwas, wirklich genial ...

Aber vielleicht hätten er und seine Götter uns zu Lebzeiten mal deutlicher sagen sollen, was sie sich von uns wünschen. Bei der allgemeinen Verwirrung kann das doch keiner erahnen. Ich glaube, den brauche ich nicht zu bitten, der wird mir nicht helfen.» Arno klingt ernüchtert.

Eine Weile sagt niemand etwas.

«Mich soll er lieber gar nicht sehen. Vielleicht könnte ich mich zusammenigeln, auch ohne Stacheln wäre ich eine harte, nicht zu knackende Kugel. An Vergewaltigung wäre nicht zu denken, alles wäre zusammengedrückt, gepresst, verschlossen. Kein Eingang, kein Eindringen. Nur mit Messer oder Machete – oder wenn sie mich erschießen. Aber das wäre dann Mord, Hinrichtung, eindeutiges und endgültiges Ende. Ich müsste damit nicht weiterleben.»

«Amma», ruft Arno, aber sie ist nicht erreichbar.

«Mein ganzes Leben habe ich geübt, geprobt, mich

gewappnet. Ich wollte mit dem Allerschlimmsten fertig werden, nicht aufgeben und zerbrechen. Ich habe immer und immer wieder Gespräche mit meinem Folterer geführt, mir Sätze zurechtgelegt, die mich schützen sollten, habe mir alle möglichen Beleidigungen und Verletzungen vorweg schon möglichst genau vorgestellt, versucht, mich abzuhärten, damit sie mir dann nicht mehr so viel anhaben können. Alles nur, damit ich weiterleben kann. Und jetzt? Jetzt bin ich hier, wo es mir wahrlich nicht gefällt, und will doch nie wieder zurück.»

«Um Himmels willen, Amma, was hast du denn im Kopf?» Arno ist entsetzt. «Klingt ja nicht gerade nach Glückskind.»

«Scheint, dass dir jetzt, wo sie einen Namen hat, ihr Schicksal näher geht, oder?», fragt Alasan Jobe sachlich.

«Ja, tatsächlich», sagt Arno nachdenklich. «Eigentlich erstaunlich. Vielleicht liegt es daran, dass es ihr Vorname ist. Mit meinen Klienten konnte ich nicht so mitfühlen, weil Vornamen in Verbindung mit den Nachnamen blass werden und zurücktreten, ja ganz verschwinden. Die Namen in einem Formular unterscheiden sich eigentlich nicht von einem Straßennamen oder einer Hausnummer.»

«Wofür warst du denn Anwalt?», fragt Amma.

Arno, der jetzt doch lieber der Andere und damit wieder anonym wäre, sagt: «Ausländerrecht. Und ich muss euch sagen, dass ich kein Anwalt in dem Sinn bin. Mein Abschluss war nicht gut genug, um

Richter zu werden, was ich eigentlich werden wollte. Hätte meinen Alten gerne übertrumpft. Ich bin dann Entscheider geworden, bin vom Staat angestellt und sitze in Asylverfahren. Das hätte ich euch lieber nicht gesagt, ich konnte mich praktischerweise nicht daran erinnern – aber jetzt kommen deutliche Bilder, ich kann nicht ausweichen, ich muss immer wieder dorthin zurück. Und weil man hier Gedanken hören kann, gibt es keine Möglichkeit, mich zu verstecken, und so sage ich es euch alles lieber direkt.»

«Das ist krass», sagt Amma, die jetzt wieder ganz gegenwärtig ist. «Über das, was du tust oder getan hast, werden wir sicher noch reden. Aber dass wir alles, sobald wir es selbst wieder erinnern, automatisch mit allen teilen müssen, nicht mehr für uns behalten können, ist mir unheimlich.»

«Das habe ich euch doch schon gesagt – und das war schon immer so, zumindest, seit ich da bin. Wir können ja sogar die Gedanken hören. Aber weil es allen so geht, hat es, finde ich, etwas Gerechtes», meint Alasan Jobe.

«Oben haben wir das doch auch – Zuckerberg lässt grüßen. Er wäre von all dem hier begeistert.»

«Er würde aber alle Infos gleich weiterleiten und vermarkten – wie ich die Sache verstanden habe ...», entgegnet Amma.

«Ich glaube nicht, dass es an diesem Ort etwas ändert, wenn alle alles erfahren», sagt Alasan Jobe.

Und Arno fügt, auf einmal heiter, hinzu: «Genau, weil man hier nichts kaufen kann, nützt es auch nichts, dir personalisierte Werbung zu senden. Vielleicht wäre das etwas für die Hölle: den hilflosen Menschen fortwährend etwas vorzugaukeln und den Mund nach Dingen wässrig zu machen, die sie nie erwerben können.»

«Klar, Tantalos in modern», sagt Amma auch etwas amüsiert.

«Dann haben wir ja Glück», meint Alasan Jobe, «dass wir hier sind und man uns in Ruhe lässt – wenn man von den kurzen Eingriffen und Besuchen von außen absieht. Wir haben keine Bedürfnisse und haben in der Hand, was zwischen uns entsteht. Aber eben nur in Gesprächen, wir können nichts mehr tun – nicht für und nicht gegen jemanden.»

«Genau das ist der Unterschied», sagt Amma. «Auf der Welt können sie dir schaden. Mich haben sie verraten und damit zerstört.»

«Wie denn?»

«Sie haben Fotos von mir auf einer Demo gemacht und die mit meiner Adresse an skrupellose politische Gegner weitergegeben. Ich habe gar nicht genügend Worte für diese Menschen: aggressiv, korrupt und vor allem mächtig. Und alle Männer natürlich. Dazu gab es eine genaue Beschreibung meiner Arbeit für Frauenrechte und erfundene Beleidigungen, die einen wichtigen Minister betrafen und die ich so nie geäußert habe. Ich war für ein halbes Jahr in Khartum und wurde eines Tages direkt nach einem Seminar auf der Straße verhaftet. Erst im Gefängnis, bei den Verhören wurde mir dann alles vorgelesen.»

«Wie lange warst du denn im Gefängnis?», fragt Arno. Er hat auf einmal einen unangenehmen Geschmack im Mund, den er sich aber nicht erklären kann.

«Fast ein Jahr, dann beschlossen sie, das Wrack, das ich war, zu entlassen.»

## 41.

Ein sehr klares, ergreifendes Bild unterbricht ihre
Ausführungen.

Die Frau sitzt in einem hellen Raum. Sie ist noch
jung, nicht besonders schön, hat aber ein markan-
tes Gesicht und wirkt sehr selbstbewusst. Der ihr
gegenübersitzende Mann findet es zu streng, die Augenbrauen in der Mitte zusammengewachsen, der
Blick darunter zu dunkel. Sie könnte doch lächeln,
denkt er.

Zwischen ihnen liegt wie ein trennender Fluss die
glatte, spiegelnde Schreibtischfläche. Wäre es anders verlaufen, wenn sie hübsch gewesen wäre?

Die Hände in ihrem Schoß sind so fest ineinan-
der verschränkt, dass die Knöchel der Finger sehr
viel heller sind als die Haut auf dem Handrücken.
Sie müssen inzwischen ohne Gefühl sein oder
wehtun.

Sie ist kräftig gebaut und wirkt doch schutzbe-
dürftig. Gleichzeitig stößt ihn etwas an ihrer Haltung zurück. Sie schaut ihm direkt ins Gesicht,
beobachtet ihn und zeigt bei all ihrer Trauer auch
ihre Unbeugsamkeit.

Irgendwie fühlt sich der Mann von ihr angegriffen
und ist gegen sie eingenommen. Ihre Geschichte
von Verfolgung, Haft und Folter hält er für erfunden.
Sie ist nicht zerstört, denkt er, da würde sie anders
aussehen – ihn anders ansehen.

Sicher hat sie sich diese Geschichte von einer anderen ausgeliehen. Es sind einfach zu viele und alle mit ähnlichen Berichten.

Er dreht sich zur Seite, schaut konzentriert auf den Bildschirm, der auf einem Nebentisch steht, schiebt die davorliegenden Unterlagen zur Seite, weiß nicht recht, wie er es formulieren soll, denn die Frau schaut ihn weiter ruhig und dennoch erwartungsvoll an.

Das tun sie doch alle, denkt er, und hat auf einmal den Ablehnungsbescheid ganz klar im Kopf.

*Sie werden in Kürze von uns hören,* sagt er und verlässt den Raum, ohne sich von ihr zu verabschieden.

## 42.

«Ich habe dich aber noch nie gesehen», sagt Amma sofort. Sie wirkt aufgeregt. «Doch die Situation kenne ich.

Jetzt bin ich verwirrt, denn das war sicher nicht ich. Und trotzdem kommt mir das Ganze bekannt vor.»

«Ich bin nie so weit gekommen, an einem solchen Tisch zu sitzen, und habe mir das bis jetzt auch ganz anders vorgestellt ...», sagt Alasan Jobe leise.

«Jetzt wissen wir also, was du gearbeitet hast. Ich denke, du brauchst nichts mehr zu erklären.» Amma will sich abwenden, zumindest innerlich.

«Doch, hört mir zu, ihr habt jetzt einen ganz falschen Eindruck.» Arno merkt, dass er vor diesen beiden Menschen bestehen möchte, dass ihm ihr Urteil wichtig ist, denn das werden sie über ihn fällen, auch wenn Alasan Jobe immer das Gegenteil behauptet. «Das war doch nur ein Ausschnitt. Ich muss euch unbedingt etwas dazu sagen. Es gab Vorschriften und Regeln und niemand konnte nach Gutdünken, also einfach nach Sympathie entscheiden.»

«Ihr wart doch Götter oder habt euch zumindest so gefühlt und hattet die Macht, über das Weiterleben von anderen zu entscheiden. Aber das Thema hatten wir ja schon.» Amma merkt, wie Wut in ihr aufsteigt.

«Nein, das waren wir nicht, zumindest war es niemandem bewusst. Wir hatten Vorgaben von oben und waren oft einfach überfordert. Wir waren und sind doch verantwortlich, dass es auch gut weiterläuft für die, die schon da sind. Es ist nicht möglich, es allen recht zu machen. Und gerecht zu sein schon gar nicht.»

«Was für eine scheinheilige Erklärung! Es ging doch immer und bei allen nur um Macht, das war in meinem Land, in Ghana, genauso wie bei euch. Es geht um die Macht derer, die etwas haben und das nach ihren ‹Kriterien› verteilen können an die, die nichts haben. Und, es geht um die Macht von Männern über Frauen. Und dass ich nicht aufgenommen wurde in einem anderen Land und noch einmal zurückmusste, das habe ich Leuten wie dir zu verdanken – auch wenn du selbst nicht daran beteiligt warst.»

«Ist das noch wichtig? Spielt es noch eine Rolle, wer und wie wir einmal waren? Wenn das jetzt eine Vorstufe zur Hölle ist, dann büßen wir ja bereits. Und wenn es ein Zwischenreich zu etwas anderem ist, dann helfen solche Streitgespräche zwischen uns sicher auch nicht weiter. Schuld muss doch jeder für sich alleine erkennen. Es ist viel schwieriger, etwas zuzugeben, wenn man von anderen angeklagt wird, denn dann empfindet man das als Angriff und fängt mit aller Kraft an, sich zu verteidigen. Je länger ich hier bin, umso mehr bin ich davon überzeugt, dass alles, was wir von oben mitbringen, nur eine

Art Hülle oder Umhang ist. Wir haben etwas, an dem wir uns die Zähne ausbeißen können», Alasan Jobe scheint zu lachen, «sofern wir noch welche haben. Wir könnten uns den Umhang auch gegenseitig abreißen, aber besser wäre es doch, wir könnten ihn endlich selbst ablegen.»

«Aber ich fühle mich sehr viel besser, wenn ich einem Schwein sagen kann, dass es ein Schwein ist – wie ich dir vorhin schon erklärt habe», erwidert Amma unversöhnlich. «Natürlich ändere ich damit nichts, weder beim Schwein selbst, noch bei denen, die es für ein Rassepferd halten ...»

«Was wäre, wenn du einmal, nur ein einziges Mal versuchen würdest, dich in andere hineinzuversetzen? Nein, ich meine nicht in deine Folterer, nicht in die, die wir kennenlernen mussten, sondern einfach in diejenigen, die, ohne Böses zu wollen, einfach ihre Arbeit tun müssen und die weder die Zeit noch das umfassende Wissen haben, um jeden Stein, na ja, jede Akte fünfzig Mal umzuwenden und unter ALLEN Gesichtspunkten zu betrachten», sagt Arno.

«Hat denn nicht jeder Mensch immer einen Spielraum und verschiedene Möglichkeiten?», fragt Alasan Jobe. «Ich finde, die Frage ist interessant, auch wenn die Antwort keine Konsequenzen für uns haben wird.»

«Die Möglichkeiten sind sehr begrenzt. Es gibt doch, wie du vorhin schon gesagt hast, meistens Menschen über dir, die Bestimmer sind, die Vorgaben festlegen, und deswegen gibt es Regeln, und die erlauben dir nicht, nach deiner eigenen Gefühlslage zu entscheiden. Und es gibt Sachzwänge. Du darfst dich nicht von deinen Emotionen leiten lassen, wenn du sachliche Entscheidungen treffen willst», erklärt Arno.

«Das heißt, du gibst dein eigenes Urteilsvermögen ab? Widerstand und Protest kommen dann natürlich nicht infrage. Außerdem denke ich, dass *sachliche Entscheidungen,* wie du das nennst», Amma wiederholt Arnos Worte spöttisch, «zwangsläufig zu unmenschlichen Urteilen führen.»

«Aber du würdest ungeheures Chaos hervorrufen, wenn du die Regeln ignorierst», ruft Arno, um das näherkommende Gelächter und laute Glucksen zu übertönen.

## 43.

Wieder ziehen die Nereiden vorüber.

*– Habt ihr die fantastischen Tänze und Überschläge von Halie und Thoe gesehen?*

*– Ja, diese Sprudel und quirligen Saltos waren überwältigend! Ich wollte, ich könnte das auch …*

*– Ach, Euneike, die Gezeiten zu verantworten ist doch auch nicht ohne …*

*– Ja, vor allem, wenn die Menschen diesen Wandel gar nicht als deine Arbeit sehen, nichts von dir wissen, sondern glauben, dass der Mond dahintersteckt.*

Allseitiges Gekicher unterbricht die Sprecherin.

*– … und dazu glauben sie noch, sie selbst könnten Einfluss darauf nehmen. Wenn du denkst, wie schwer sie es sich machen. Keiner hat sie beauftragt und sie sind ständig am Planen und wollen Bestehendes verbessern. Dabei machen sie vieles doch nur schlechter. Sie sollten sich einfach zurücklehnen, einfach mal die anderen die Flüsse und auch die Schiffe steuern lassen, viel mehr lachen und Spaß haben. Ich weiß nicht, wer dahintersteckt, dass sie so ernst sind, und zwar je älter, umso mehr. Die Kinder glucksen und lachen noch, fast wie wir, aber dann … Erst neulich habe ich mit meinem Poseidon darüber gesprochen.*

*– Aber, Amphitrite, du weißt doch selbst, dass sie da oben in ihrem Leben auch gewisse Zwänge haben.*

*Sie müssen essen und schlafen und möglichst gute Luft atmen, sonst gehen sie ein – wie die Korallenriffe, die wir dahinten gesehen haben.*

*– Da haben wir es schon besser, weit draußen und von alldem verschont ...*

*– Und trotzdem – ich fühle manchmal so eine unerklärliche Sehnsucht, kennt ihr das auch ...*

Die letzten Sätze sind kaum noch zu hören. Dann ist es wieder still.

## 44

«Das war aber kurz.» Arno klingt enttäuscht. «Sie könnten ruhig länger bei uns bleiben und uns unterhalten.»

«Vorhin hast du noch gesagt, dass sie hohl sind und dich nur nerven.»

«Ja, aber jetzt klangen sie doch nicht so durchgedreht und schwachsinnig, wenn es überhaupt dieselben waren, und sie sind eine Abwechslung. So wie man sich ja auch manchmal schlechte Fernsehserien anschaut. Oder blöde Videos ...»

«Und dass diese Frauen hauptsächlich blöd sind und Dummheit sowie Oberflächlichkeit vorführen, das ist dir nicht aufgefallen?»

«Bist du Feministin oder was?»

«Als Etikett, so wie du es verstehst, nicht, aber wie ich dir schon erklärt habe, vom Blickwinkel her auf jeden Fall. Und meine eigene Erfahrung und später meine Forschung zu dem Thema haben mir gezeigt, wie wichtig es ist, dass wir zusammenhalten und nach Erklärungen suchen, warum Frauen oft so sind, wie sie sind.»

«Aber diese Nereiden sind doch nicht von jetzt, sondern ein Relikt von früher, aus der griechischen Mythologie, oder?»

«Genau, offensichtlich war das damals schon unterhaltsam, kluge, mächtige Macker gegen etwas dümmliche Frauchen antreten zu lassen.» Amma

macht kurz Pause. «Ja sicher, es gab auch Aus-
nahmen. Immerhin in Athene hat Poseidon ein sehr
kluges Gegenüber gehabt und ist ihr ja letztendlich unterlegen. Schade, dass die hier nicht vorbeikommt. Das wäre interessanter.»

«Bei uns war Unterhaltung auch wichtig», Alasan
Jobe hat dem Gespräch eine Weile nicht zugehört,
vielleicht auch nicht zuhören können, denn er hatte
das Gefühl, jemand würde ihm etwas wie zylindri-
sche Kolben in die Ohren schlagen. Er versucht den
Druck, der alles in der Mitte des Kopfes komprimiert,
zu ignorieren. Wie durch eine Explosion spaltet sich
ein kleines Stück seiner Schädeldecke ab. Er redet
jetzt aber unbeirrt, als wäre nichts geschehen. «Vielleicht weil wir sonst nicht viel hatten. Der Fernseher
stand im Zimmer an einem zentralen Platz und lief
eigentlich immer. Jeder konnte vorbeikommen und
mitschauen. Natürlich war tagsüber kaum Zeit, und
nur im Vorbeigehen oder beim Essen sahen wir kurz
hin. Wenn ich wirklich einmal etwas lange schaute,
blieb hinterher so etwas wie schlechte Laune. Sie
zeigten einem immer eine falsche Welt, eine, die mit
uns nichts zu tun hatte, die aber schön war und ganz
leicht zu erreichen schien. Vielleicht hatten wir deshalb diese Pläne, wollten weg und etwas an unserer
Lage ändern ...»

«Hast du ernsthaft geglaubt, dass du durch Weg-
gehen dann irgendwo anders, in einem Land, das du
doch gar nicht kennen konntest, dein Glück machen
wirst?» Arno kann es nicht fassen.

«Ja, genau das war es ja, was uns vorgegaukelt wurde. Und alle haben mich bestätigt. Natürlich dachte ich, ich könnte in einer besseren Welt neu anfangen, etwas für meine Familie tun, deshalb habe ich das Geld geliehen und deshalb habe ich meinem Sohn die besten Fußballschuhe versprochen und deshalb habe ich meine Frau Mariam, als sie so besorgt war beim Abschied, beruhigt und ihr auch vieles versprochen. Dann bin ich, zwar selbst nervös, aber doch in abenteuerlicher Stimmung und voller Hoffnung, aufgebrochen.»

Alasan Jobe ist in Erinnerungen versunken, sieht seine Frau mit ihrem ernsten, traurigen Gesicht vor sich, meint zu spüren, wie die Kinder beim Abschied sich an ihn drängen. Eine Weile schweigt er, dann sagt er, und er klingt zum ersten Mal verzweifelt: «Vielleicht war das dumm, nach dem, was ich jetzt weiß, geht das wohl nicht.»

«Nur nicht, wenn du an die Falschen gerätst», meint Amma. «Aber du kannst auch Glück haben, ich kenne einige.» Nur ich selbst hatte wohl immer Pech, fügt sie in Gedanken hinzu.

## 45

Kann man Schweigen hören? Auf einmal ist eine schattenlose Stille um uns. Wie ein Hohlraum. Habe ich einen Hörsturz?, fragt sich Amma und versinkt in sich.

«So etwas kommt immer wieder», antwortet Alasan Jobe, «wie Pausen. Sie kommen ohne für mich erkennbaren Grund. Manchmal folgt ein hoher, stechender Pfeifton, danach dann wieder dieses ständige Hintergrundgeräusch, wie ein wummerndes, pulsierendes Echo.»

«Aber Echo wovon?», fragt Arno.

«Ich weiß es nicht, von Stürmen irgendwo, von sehr großen Schiffen oder anderem, was Menschen im Wasser so treiben und was starke Wogen und Wellenbewegungen verursacht.»

«Ja, das kann daher kommen, es wird viel gebaut und geforscht unter Wasser. Seit Jahren werden überall Kabel verlegt, ich finde das fantastisch, so wird die ganze Welt verbunden und das Meer ist dann keine Trennung mehr.»

«Sagst du, aber wir alle haben doch erlebt, dass es für viele unüberwindbar ist. Daten und Nachrichten schicken heißt doch noch lange nicht, dass man mit dem Körper leicht von da nach dort kommen kann, vor allem, wenn man nicht den richtigen Ausweis hat», erwidert Amma.

«Das sehe ich auch so», sagt Alasan Jobe. «Und

womöglich gilt: je reicher ein Mensch, desto höher seine Reisewege. Und desto weniger Hindernisse.»

«Stimmt, mit Flugzeugen kommst du schnell von da nach dort, was dich dann bei der Ankunft erwartet, ist eine andere Geschichte, und die Superreichen fliegen sogar ins Weltall und wollen zu anderen Planeten.»

«Ich will gar nicht überallhin, denn das einzige Land meiner Wahl war schon nicht erreichbar. Ich brauche das Ganze mit den Unterwasserkabeln nicht.»

«Aber denk doch an deine Kinder und alle, die noch nachkommen, die werden sicher sehr froh sein, dass jetzt Weichen gestellt und ihnen diese Verbindungen dann zur Verfügung stehen werden.»

«Arno, wir wissen doch alle noch nicht, ob es wirklich ein Gewinn für die Menschen sein wird. Vielleicht werden diese Leitungen auch irgendwann einmal wieder gekappt, aus welchen Gründen auch immer. Wenn wir noch lange hier sind, können wir die weitere Entwicklung ja aus sicherer Entfernung beobachten.»

«Ich will nicht hierbleiben. Lieber erlebe ich das von oben.» Arno spürt wieder den starken Drang, wegzukommen. Er windet sich innerlich, ohne dass man von außen die geringste Bewegung sehen kann. Aber die beiden anderen spüren es.

«Bis dahin», sagt Alasan Jobe, um ihn abzulenken, «können wir den Geräuschen hier doch noch etwas nachspüren.»

«Ja», meint Amma, froh, das Thema wieder wechseln zu können, da sie weiß, dass sie nur so endlose Diskussionen mit Arno über die Folgen von Fortschritt vermeiden kann und sie sich mit diesen Themen hier nicht mehr befassen will. Versonnen sagt sie: «Das Wasser ist im Einklang mit den Geräuschen, ist euch das auch aufgefallen? Wummern macht Wellen und Druck, der Knall vorhin war wie eine Fontäne, das Getrappel hat gekitzelt wie Spritzer, obwohl es die hier unter Wasser gar nicht gibt, und das laute Dröhnen und Stampfen ist wie eine schwere Dünung, die uns mit dunklen Wassermassen niederdrückt. Und dann gibt es da noch dieses sanfte Schwingen in den Pausen, wenn es ganz leise wird.»

Arno und Alasan Jobe schweigen, beide versuchen die Wirkung der Geräusche im Wasser wahrzunehmen, sich zu erinnern.

«Deshalb sehen wir manchmal aus, als ob wir tanzten. Sogar du ein bisschen», sagt Amma zu Alasan Jobe.

«Aber ich vermisse die Musik», erwidert Arno. «Wäre mit doch um einiges schöner hier.»

«Ja, es gibt zwar einzelne Geräusche, die manchmal auch rhythmisch sind, wie vorhin, und manchmal diese hellen wiegenden Töne wie fließende Lichtfelder, ich möchte mich dann auflösen und fliegen. Aber sie sind immer zu kurz», sagt Amma wehmütig. «Ich habe Heimweh nach Klängen und Gesang. Und ich möchte gerne durch alles, über allem den Himmel sehen. Ich habe Sehnsucht nach Blau, nach

Weite und Luft. Das immerwährende tiefe Dröhnen in diesem Halbdunkel finde ich bedrückend.»

«Schon wieder etwas, um das wir Poseidon bitten sollten, wenn er das nächste Mal vorbeikommt», meint Arno. *«Wir wollen Party feiern, sagen wir, und mehr Licht. Nachdem wir schon nichts zu essen und zu trinken bekommen, hätten wir gerne fetzige Musik.»*

«Das übernimmst dann du.»

«Wenn ich bis dahin überhaupt noch hier bin.»

«Du gibst die Hoffnung wohl nicht auf», sagt Amma.

«Bei uns sagt man: Seelenruhe kommt, wenn man aufhört zu hoffen.» Alasan Jobe will endlich Frieden.

«Aber bei uns sagt man: Die Hoffnung stirbt zuletzt», gibt Arno zurück. «Du kannst ja bleiben, wo du bist. Niemand hindert dich daran.»

## 46.

Poseidon zieht majestätisch und gutgelaunt vorüber.

*Wie schön, sie so ins Wasser springen zu sehen. So fröhlich jauchzend und unbeschwert. Dieses sommerliche Geplätscher und Gelächter. Das glückliche Plantschen und Baden im Meer, alles oben ist licht und heiter, die Menschen sind wie verspielte Wassertiere, wie sie sich schlängeln und hüpfen und herumtanzen.*

*Niemand denkt an die toten Frauen, Männer und Kinder, die im gleichen Meer am Grund liegen. Vielleicht haben sie erkannt, dass es denen ja ohnehin nicht helfen würde ... Der Querschnitt durch mein Element wäre ein fantastisches Tableau. Unten schwimmen die Toten, das heißt, sie liegen, weil sie eben nicht oder nicht lange genug schwimmen konnten und ertrunken sind. In der Mitte tauchen andere herum, scheinen etwas zu suchen, vielleicht den Kontakt zu uns? Sie sind aber immer nur kurz da und verschwinden dann wieder nach oben. Und dort oben schwimmen die, die einfach Glück haben und lachen und plantschen. Haben sie etwas verstanden oder ist es nur Verdrängung, Ausblenden von Störendem? Aber es hat ja schon etwas, wenn sie so unbesorgt genießen und nicht daran denken, dass es in jedem Fall und für sie alle nur kurz währt.*

*Dazu muss man auch imstande sein. Selbst ich könnte und sollte von ihnen lernen und mehr lachen.*

*Spricht hier jemand mit mir?*

*Hat mich jemand gerufen?*

*Nein, doch nicht. Ich dachte, ich hätte etwas gehört.*

*Aber für die dort bin ich ohnehin nicht zuständig.*

*Wirklich nicht.*

## 47

«Schade, wieder eine Hoffnung weniger. Dabei war er gerade ja richtig gut drauf.» Arno kann seine Enttäuschung nicht verbergen. «Hier scheint niemand für uns zuständig zu sein.»

«Vielleicht doch jemand, der über ihm steht? Jemand, der die Zuständigkeiten festlegt?», fragt Alasan Jobe.

«Ja, er hat doch Andeutungen in die Richtung gemacht, auch früher schon einmal.» Obwohl Amma selbst keine Erwartung an eine obere Instanz hat, will sie Arno wieder aufrichten. «Es ist vielleicht nur noch nicht an der Zeit, dass er oder sie sich uns zu erkennen gibt. Vielleicht wissen wir dann aber, was wir zu tun haben.»

«Dann wird es für mich zu spät sein.»

«Das glaube ich nicht. Aber wir können ja ohnehin nichts tun, um Aufmerksamkeit zu erregen, um eine Rettung zu veranlassen. Und wenn wir, wie Alasan Jobe gesagt hat, jetzt tatsächlich ganz allein und nur auf uns gestellt sind, dann bleiben wir doch dabei, dass wir selbst unser Dasein an diesem Ort so angenehm wie möglich machen. Wir haben es in der Hand. Und worüber wir reden, auch.»

«Wir könnten Philosophen werden», sagt Alasan Jobe und klingt ein bisschen verschmitzt. «Wir könnten Zusammenhänge erkennen und wir könnten Vorträge von dir, Amma, hören.»

«Das wird dann wieder so kritisches Zeug, das ich jetzt aber nicht hören will. Ich habe genug Kummer», wehrt Arno ab.

«Ja, wissen wir doch», sagt Alasan Jobe, «aber hat da nicht vorhin jemand nach ‹Zeitvertreib› gerufen? Hier hättest du wenigstens etwas Abwechslung, und vielleicht würden sich neue Horizonte eröffnen.»

«Erwartet bitte nicht zu viel», Amma wirkt bescheiden, aber innerlich freut sie sich. «Ich könnte das dann wie einen Gastvortrag vor fachfremdem Publikum halten. Und hier sogar endlich in absoluter Sicherheit. Ich könnte allgemeinverständlich meine Forschung darstellen. Wäre das dann etwas für dich?», sie wendet sich an Arno.

«Ich glaube eher nicht. Aber du kannst das ja trotzdem für Alasan Jobe machen», sagt Arno gönnerhaft. «Er scheint ja sehr lernbegierig zu sein. Ich werde mich hier weiter umschauen. Vielleicht sehe ich ja doch irgendein Anzeichen, entdecke etwas, das ich bisher übersehen habe.»

«Jaja, einen Anker, eine Flaschenpost oder etwas, das dir zeigt, dass jemand kommt, um dich zu holen.» Alasan Jobe klingt jetzt doch abfällig.

## 48.

Eine junge Frau singt schwimmend ins Meer hinein, das Wasser schmiegt sich am Hals hoch bis zu den Wangen, die Stimme ist klar und trägt sehr weit. Es ist ein klagendes Lied. Kleine Wellen zerplatzen kurz unterhalb der Augen in weiche Blasen. Die Frau schließt die Augen nicht und singt weiter. Die nächsten Wellen schieben sich bis zur Stirn hoch, geben dann das Gesicht wieder frei.

Immer und immer wieder.

Die Frau singt und weint dabei. Die vielen Kleider, die sie angezogen hat, erfüllen ihre Aufgabe und ziehen sie nach unten. Goldlinien wandern über das Wasser, wie die Fäden eines nicht mehr ganz neuen, sondern schon etwas ausgebeulten Netzes. Im Abendlicht scheint es, als ob sich die Linien immer weiter häkelten und gleichzeitig sich jagten, alle in eine Richtung ... fort, fort, fort.

## 49.

«Jetzt wissen wir das also auch.» Arno klingt nicht so trocken und unbeteiligt, wie er beabsichtigt hat.

«Das Meerwasser schmeckt oft traurig. Und nicht, weil es salzig ist», sagt Amma.

«War es denn so schlimm?»

Sie kann nicht antworten. Zum Weinen geht man am besten ins Meer, denkt sie. Im Wasser sieht man Tränen nicht. Aber ich habe Angst, dass die Gefahr auch hier womöglich nicht vorüber ist.

«Ich glaube, du bist hier gut aufgehoben», sagt Alasan Jobe.

«Ja, wir werden dich beschützen», fügt Arno hinzu, obwohl er nicht genau weiß, wie das gehen soll. So ohne Einfluss und Macht über sich selbst. Aber er wäre zu allem bereit – und das zu spüren macht ihn auf seltsame Weise glücklich. «Du schienst doch gerade glücklich über deine Aufgabe hier zu sein. Ich würde auch deinen Vorträgen zuhören und ich verspreche dir, nicht mit Zwischenrufen zu stören.»

«Das wird ja spannend, wir werden sehen, wie lange du das aushältst», sagt Alasan Jobe. Dann fügt er hinzu: «Bei uns sagt man in so einem Fall: *Wer vergibt, beendet die Diskussion.*»

«Ich betrachte das als Ansporn und werde versuchen, mein Bestes zu geben», meint Amma wieder etwas ruhiger.

## 50.

Feine Pfeile schießen in wilder Folge nach unten.

Arnos Handgelenk zuckt. Alasan Jobe und Amma, in Gedanken noch bei ihrem Gespräch, sind dem Angriff nicht ausgesetzt, beobachten nur.

Keiner der drei kann sich etwas erklären. Sie bleiben still.

Nach einer Weile tauchen zwei Gestalten auf. Jetzt erkennt Alasan Jobe sie und erinnert sich. «Arno, ich glaube, sie kommen, um dich zu holen.»

Arno selbst ist verwirrt, als die zwei Gestalten sehr schnell näher kommen, immer größer werden, sich zwischen ihn und die anderen schieben, Gurte um ihn legen und ihn sofort nach oben ziehen. Er weiß nicht, ob er das jetzt noch will. Kurz spürt er den Reflex, sich zu wehren. Aber er kann es nicht, bleibt bewegungslos und starr. Dann hat er das Gefühl, rasend schnell zu fließen. Er möchte etwas rufen, sich verabschieden, er fühlt sich mächtig nach unten verbunden, wie von etwas gezogen, doch er wird gezwungen, sich nach oben zu schrauben, sich zu drehen, in einer Geschwindigkeit, die ihm Hören und Sehen vergehen lässt.

Vom Grund aus sehen Amma und Alasan Jobe, die Zurückbleibenden, einen wirbelnden schillernden Punkt, der sich entfernt und immer kleiner wird.

«Waren das Menschen? Das Ganze sah ein bisschen aus wie das, was ich früher schon einmal mitangesehen habe. Und doch war es diesmal anders, wirkte wie eine höhere Macht. So perfekt irgendwie. Wohin geht er, wenn sie es gut mit ihm meinen?», fragt Alasan Jobe. «Meinst du, sie bringen ihn dahin zurück, wo er hinwill?» Er ist aufgewühlt und irgendwie erschüttert.

Amma, die ebenfalls von unzähligen Fragen ohne Antworten verwirrt ist, sagt: «Ich weiß nichts. Es wirkte sehr unpersönlich.» Dann fragt sie: «Bist du gläubig?» Dabei weht sie hin und her, getrieben von der unruhigen Welle, die von den sich bereits entfernten Gestalten ausgelöst wurde.

«Ja.»

«In welche Richtung?»

«In Richtung Gott.»

«Nur wissen wir leider immer noch nicht, wer das ist», ruft sie. Und dann: «Ich denke, das waren Menschen. Sie haben uns aber nicht bemerkt. Sind wir unsichtbar?»

«Sie wollten nur diesen einen, der wohl doch eine Art von Anbindung an oben hatte. Wir sind ohne Bezugspunkt», sagt Alasan Jobe, «außerhalb von allem, deshalb gibt es zu uns keine Verbindung mehr. Wir sind nicht mehr erkennbar und nicht von Interesse. Die Welt oben ist für uns so weit weg wie ein anderer Planet. Und wir sind vielleicht selbst das brodelnde, grenzenlose Meer, ganz darin aufgegangen, sind trübes Wasser, in dem man nichts erkennen kann. Wir selbst uns auch nicht.»

«Kann es sein, dass du jetzt schon Philosoph bist?», meint Amma bewundernd. Sie ist davon überzeugt und hat das auch nicht als Frage gemeint. «Aber es klingt nicht gerade ermunternd, was du sagst, eher so, als ob du aufgibst und auch gehen wolltest. Wohin auch immer.» Sie schweigen.

Dann sagt Amma: «Eigentlich schade, dass er uns jetzt verlässt, wir hatten gerade angefangen, uns besser zu verstehen.»

«Wir werden ihn vermissen, und wir werden hierbleiben, da bin ich sicher.»

«Bis in alle Ewigkeit?», fragt Amma, und ihre Gedanken laufen gleich weiter. «Aber vielleicht ist die ja gar nicht ewig und wir gehen von hier aus doch irgendwann einmal weiter. Nein, nicht als Wiedergeburt, ich glaube nicht, dass es noch einmal ganz von vorne anfängt. Man muss wohl da weitermachen, wo man geendet hat.»

«Aber sicher fällt doch die Todesursache weg», sagt Alasan Jobe, «irgendwo ist bei irgendwem auch der abgesägte Kopf wieder dran, Verstümmelungen und Schusswunden sind nicht mehr zu sehen. Nur das Gehirn funktioniert weiter, sogar besser als zu Lebzeiten, das weiß ich von mir, und auch Alter und Geschlecht scheinen zu bleiben.»

«Das heißt also, du bleibst die Person, das Wesen, das du früher warst, und kannst in dieser nicht ewig dauernden Ewigkeit auch nicht viel anders machen als im Leben?»

«Das wäre zu prüfen. Ich habe den Eindruck, dass ich mich hier schon geändert habe, nicht nur im Aussehen, ich war früher nicht so gelassen.»

«Schade, dass wir nichts wissen, weil noch nie jemand zurückgekommen ist aus dieser Ewigkeit.»

«Du meinst, jemand, der vielleicht den falschen Ausgang genommen hat?» Alasan Jobe scheint kurz erheitert.

Amma bleibt ernst. «Genau, der uns sagen könnte, wohin es anschließend geht, wenn wir doch aus dieser nicht ewigen Ewigkeit weiter müssen.»

«Womöglich ist diese nächste dann die wirklich ewige Ewigkeit ...»

«Oder die übernächste», erwidert sie. «Mir wird schwindelig, gehen wir lieber zu uns zurück. Was auf jeden Fall hier anders ist, sind die Konstellationen, es sterben ja nicht alle Menschen, die du gekannt hast, gleichzeitig mit dir, und nicht alle kommen ins Meer. So lernst du immer neue kennen. So, wie wir uns hier getroffen haben. Und Arno wäre ich sicher auch nie ohne Tisch zwischen uns begegnet.» Sie hält kurz inne und sagt dann nachdenklich, fast sehnsüchtig: «Wie gerne hätte ich jetzt eine Möglichkeit zu sehen, was er oben macht. Eine Art Teleskopauge, das ihn begleitet und mich an allem teilhaben lässt, was er denkt und entscheidet.»

«Falls er noch lebt», meint Alasan Jobe. «Es wäre möglich. Da Zeit hier keine Ausdehnung hat, kann es kurz oder sehr lange gewesen sein, dass er bei uns war.»

«Ich wünsche ihm, dass er rechtzeitig geholt wurde. Es war ja das Einzige, was ihm wichtig war. Er wollte und konnte sich auf nichts anderes einlassen. Aber ich frage mich, ob er sich an uns erinnert und an unsere Gespräche. Ob er seine Haltung in manchen Punkten geändert hat?»

«Das werden wir wohl nie erfahren.»

«Aber wir könnten uns hier seinen Alltag oben ausmalen, verschiedene Situationen, in denen er Entscheidungen treffen muss. Ich könnte dir erzählen, was ich sehe, und du im Gegenzug, was du siehst.»

«Du meinst, wir sollten etwas erfinden, vielleicht, was wir uns wünschen?»

«Nein, eher, was wir aufgrund unserer Erfahrungen und der Gespräche mit ihm für möglich halten.»

«Du kannst ja anfangen.»

«Vielleicht so: Ich stelle mir vor, wie er, nachdem er wieder einigermaßen hergestellt ist, er also wieder laufen, sich erinnern und sprechen kann, für die Menschen oben nur Unverständliches von sich gibt, das ihn irgendwie fremd erscheinen lässt.»

«Du denkst, man hält ihn für verrückt?»

«Schon möglich. Spätestens, wenn er erzählt, wen er getroffen hat.»

«... und wenn er in seinem Amt alle durchwinkt, die Amma oder Alasan Jobe heißen, oder einfach alle, die mit A beginnen.» Alasan Jobe wirkt jetzt sehr amüsiert.

«Du siehst, es wird interessant, die Möglichkeiten sind unendlich.»

Was beide sich auch vorstellen können, ist, dass Arno sich oben auf der Welt nie wieder zu Hause fühlen wird, weil er hinter allem einen vage vertrauten Horizont sucht.

Agnès Desarthe

# Die Chance ihres Lebens

Aus dem Französischen von Cordula Unewisse
365 Seiten, geb. mit Schutzumschlag und Lesebändchen

Sylvie liebt die Gelassenheit, sie möchte das «La-
ken der Zeit» am liebsten nicht zerwühlen. Doch
das halbe Jahr an der Universität in South Carolina,
wohin ihr Mann Hector aus Paris als Gastprofessor
berufen wurde, stellt sie vor eine Herausforderung.
Während Hector im universitären Umfeld in jeder
Hinsicht umschwärmt wird und neuen jugendlichen
Elan zeigt, macht Sylvie zögernd allein erste Schritte und Bekanntschaften in dem fremden Milieu. Wo
liegt eigentlich ihr eigener Weg nach Jahrzehnten
der Ehe?

Ein feinsinniger, kluger Roman über Liebe und Lei-
denschaft, Treusein und Freilassen, gemeinsames
Altern in einer Partnerschaft und individuelle Auf-
brüche im Jugendalter.

OKTAVEN

Stéphanie Kalfon

# Die Regenschirme des Erik Satie

Aus dem Französischen von Nathalie Mälzer
193 Seiten, geb. mit Schutzumschlag und Lesebändchen

Wie mag es sich angefühlt haben, Erik Satie zu sein,
der sich selbst suchte oder auch aus dem Wege ging?
Genial, doch in seiner Zeit verkannt, unverstanden
und vereinsamt war er ein Vorläufer in der Musik
des frühen 20. Jahrhunderts. Und er war ein ganz
besonderer Charakter mit mehr als nur vierzehn
identischen Regenschirmen.

Stéphanie Kalfon entwirft ein romaneskes Lebens-
bild von lyrischer Intensität und szenischer
Anschaulichkeit. Der Musiker trägt mit ihr den
Grundton seines «großen Kummers» durch die
Straßen von Paris. Ein Paris, in dem der Eiffelturm
gerade errichtet ist und rollende Gehsteige die
Bewohner faszinieren. Seine «Lebenspartitur» habe
sie schreiben wollen, hat die Autorin in einem Inter-
view gesagt. Wer ihren Roman liest, wird diese in
feinen, berührenden Klängen hören.

OKTAVEN

Bregje Hofstede

## Verlangen

Aus dem Niederländischen von Christiane Burkhardt
431 Seiten, geb. mit Schutzumschlag und Lesebändchen

«Fest steht: Eine junge Frau heiratet ihre Jugendlie-
be. Fest steht: Kurz darauf läuft sie ihrem Mann bei
Nacht und Nebel davon. Sie nimmt alle ihre Tage-
bücher mit. Diese Frau bin ich. Diese Nacht ist jetzt.
Alles, was davor und danach kommt ist erfunden.»

*Verlangen* ist die freimütige Geschichte einer jungen
Frau, die von zu Hause flieht, weil sie jahrelang vor
sich selbst geflohen ist. Sie handelt davon, wie überwältigend die erste Liebe ist – bis sie einen einengt.
Und davon, ob es in jeder Liebesgeschichte letztlich
um Betrug geht.

OKTAVEN